전문기자 이치구의

BQ
Business Quotient

창업시대

중·소·기·업·창·업·가·이·드

韓國經濟新聞社

책머리에

　지난 20년간 오직 중소기업을 찾아다니는 일만 했다. 그 동안 참 많은 기업인들을 만났다. 이들과 땀, 울분, 기쁨을 함께 나눴다. 그 과정에서 「사업하는 머리는 따로 있다」는 사실을 너무나 깊이 실감하게 됐다.

　학교공부를 잘 한다고 사업을 잘 하는 것은 결코 아니었다. 지능지수(IQ)가 높다고 사업능력이 뛰어난 것은 더욱 아니었다. 사업재능은 지능지수와는 또 다른 능력을 갖춰야 한다는 사실을 알게 됐다. 바로 실천능력이 추가돼야 한다는 것이었다. 믿음과 목표의식이 따라 줘야 한다는 사실을 깨닫게 됐다.

　그렇다면 이 사업능력을 평가하는 방법이 없을까? 오래 전부터 이 평가방법을 개발하는 데 몰두해 왔다. 결국 나름대로 이를 개발해냈다. 요즘 지능지수와 함께 감성지수(EQ)가 중요하다는 얘기가 나오고 있다. 그러나 사업을 하려는 사람은 IQ나 EQ보다 비즈니스 IQ, 즉 사업지수(Business Quotient : BQ)가 좋아야 한다.

　BQ라는 용어는 결코 EQ 같은 용어를 흉내낸 것이 아니다. 필자는 EQ라는 용어가 만들어지기 몇 년 전부터 BQ라는 용어를 규정하고 대학에서 이를 강의해 왔다.

일단 여기서 이 BQ를 채점하는 방법에 대해 설명하겠다.

BQ가 높은 사람을 평가하는 기준은 모두 다섯 가지이다.

첫째, 아침에 얼마나 일찍 일어나는가이다. 아침에 일찍 일어나면 일단 BQ가 높은 사람이다. 창업을 해서 성공한 사람치고 늦잠을 즐기는 사람을 아직까지 본 적이 없다. 늦잠을 많이 잔다면 스스로 점수를 깎는 것이 좋다. 창업을 꿈꾸는 사람으로서 아침 6시에 일어난다면 내일부터 한 시간만 더 일찍 일어나길 권한다.

둘째, 남의 마음을 잘 헤아려야 한다는 것이다. BQ가 높은 사람은 상대방의 마음을 잘 읽는다. 항상 자기보다는 상대방의 생각이 어떤지를 이해하려고 힘쓴다. 남의 마음을 잘 헤아리는 사람은 친절하다. 사업을 시작하면 소비자의 욕구가 뭔지를 금방 알아낸다. 또 남에게 일을 넘겨줄 줄 안다. 사업을 시작하고서 일을 넘겨주지 못하는 사람은 BQ가 낮은 사람이다.

셋째, 얼마나 일을 스스로 찾아내서 하는가이다. BQ가 높으면 결코 시키는 일만 하지는 않는다. 현재 월급쟁이 노릇을 하고 있으면서도 자기 스스로 일을 찾아나선다. 필요 이상으로 일을 만들어 내서 원성을 사기도 한다. 그럼에도 또 창의적인 일에 앞장선다.

최근 한 기관에서 기획부서 출신과 공장 기술자 출신 중 어느 편이 창업성공률이 높은가를 조사해 봤다. 예상 외로 기획부서 출신들의 창업성공률이 더 높았다. 스스로 일을 찾아내어 계획을 짜는 일이 얼마나 중요한가를 보여 주는 것이다.

넷째, 얼마나 아끼는가이다. 사업에 소질이 있는 사람은 거의가 구두쇠 경향을 지녔다. 돈을 펑펑 쓰는 사람은 단기적으로는 성공을 거둘 수 있어도 얼마 뒤에 전화를 걸어 보면 몇 달 전에 문을 닫았다는 사실을 알게 된다. 사업을 시작하면 어디론가 자꾸만 돈이 빠져나가기 마련이다. 따라서 계속 점검을 해야 한다. 아끼는 습관을 가진 사람은 수리계산에 밝고 점검도 잘 한다.

다섯째, BQ가 높은 사람은 신용을 잘 지킨다. 시간약속을 잘 지킨다. 특히 자기가 한 말에 책임을 진다. 허튼 말을 함부로 하지 않는다. 그러면서도 유머가 있다.

자, 여기서 스스로를 채점해 보자. 이 다섯 개 항목 중 세 가지가 합격이면 일단 사업가적인 기질을 가진 셈이다. 네 가지가 합격이면 훌륭한 사업가가 될 수 있다. 다섯 개 항목이 다 맞으면 오늘 당장 다니던 회사에 사표를 내도 좋다. 그러나 두 개 항목 이하 점수인 사람은 더 이상 이 책을 읽을 필요가 없다. 그냥 이 책을 덮어 주기 바란다.

1997년 11월

이 치 구

차 례

1

현직 경험을 살린 생생한 아이템 선정

창업을 하려고 마음먹으면, 과연 어떤 아이템을 선정해야 할 것인가를 우선 고려해야 한다. 전문가들은 착상단계에서 아이템을 선정을 잘못하면 단추를 잘못 끼운 것처럼 창업 후에도 계속 문제점이 발생한다고 지적한다. 따라서 하나의 아이템을 가정하면 예비 선별조사를 해야 한다. 예비 선별조사는 본격적인 시장조사와는 다르다. 예비 선별조사 과정에서 '이것은 좋지 않다'는 판단이 들면 그만두고 다른 품목을 선택해도 무방하다.

시장정보는 소비량, 시장의 추이, 공급량, 수요량, 가격, 수출, 국내 기술수준 등을 나름대로 판단한 뒤에 정식으로 시장조사 아이템으로 선택하는 것이 바람직하다. 회사원이든 공무원이든 현직과 관련 있는 업종에서부터 아이템 선정을 검토해 나가는 것이 원칙이다.

필요한 투자비용과 운영비도 검토하는 것이 중요하다. 물론 대충 어느 정도 수익이 남을지 가늠해 봐야 한다. 창업 착상단계에서 꼭 잊지 말아야 하는 것은, 사업을 시작했을 때 다가올 위험과

문제점을 나름대로 모두 설정해 보는 것이다.

무작정 달려드는 것이 아니라 목표의식을 갖고 면밀한 준비를 계획하고 실천하는 것, 이것이야말로 BQ가 탁월한 창업자의 태도라고 할 수 있다.

우리나라에서는 창업한 지 2년 이내에 망하는 업자가 절반을 넘는다. 이는 바로 착상단계에서 충분한 검토와 조사를 거치지 않았기 때문이라는 점을 명심해야 한다.

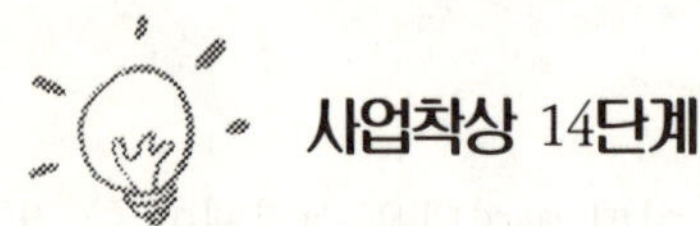

사업착상 14단계

(1) 경쟁력 우위품목인가(가격, 품질, 수요)?

(2) 설비투자가 과다하지 않은가?

(3) 사람, 자재, 기술이 가능한 업종인가?

(4) 팔릴 만한 제품인가?

(5) 앞으로 성장할 수 있는가?

(6) 관련 현장경험이 있는가?

(7) 자신의 관심이 높은가?

(8) 기업 지원정책과 관련이 있는가?

(9) 시장을 얼마나 다녀 봤는가(종류, 수요, 가격, 품질)?

(10) 제조과정을 검토하라

(11) 필요투자와 운영비를 계산해 보라

(12) 수익률은 얼마인가?

(13) 예상되는 모든 문제점을 살펴보라

(14) 돈을 어떻게 조달할 것인가?

(2)

아이템 개발법의 노하우

괜찮은 아이템이 없을까? 사업을 처음 시작하는 사람들은 누구나 이 문제를 놓고 고민한다. 이를 해결하기 위해서는 무엇보다 시장을 찾는 것이 상책이다.

서울지역에 사는 사람이라면, 작업복으로 갈아입고 용산 전자상가에서 출발하는 것이 좋겠다. 전자상가를 둘러본 뒤, 남영동 전기부품 골목을 돌아 남대문시장을 거쳐 세운상가와 동평화, 청평화시장까지 샅샅이 살핀다. 물론 청계천을 뒤지는 것은 필수이다.

〈거산〉의 김길호 사장을 비롯하여 〈대경〉의 박선문 회장 등 현재 중견 기업인이 된 많은 사람들이 이 코스를 선택했다. 이들은 처음 아이템을 선정하러 나설 때는 '제로 베이스'에서 찾아 나설 것을 당부한다. 특정 업종을 정한 뒤에 시장탐구에 나서면, 선입견이 작용하기 때문이란다.

옷가게든 금형이든 전자부품이든 소프트웨어든 간에 모든 분야에 관심을 갖고 만져 보고 물어 봐야 한다. 이런 방식으로 2주일만 시장바닥을 누비면 요즘 어느 분야가 괜찮은지 감이 잡힌다. 한 달만 돌아다니면 적어도 2~3개 아이템으로 압축된다.

일본의 시장을 찾아가는 방법도 있다. 도쿄의 아키하바라 전자상가 등을 뒤지는 것이다. 일본시장을 조사하는 까닭은, 일본에서 유행하면 늦어도 1년 반 뒤에는 한국에서도 잘 팔리기 때문이다.

그러나 아직까지 시장에 나오지 않은 독특한 상품을 개발하려는 창업자들도 많다. 이런 사람들에게 권하고 싶은 아이템 개발법을 소개한다. 당신의 BQ에 날개를 달아 보자.

아이템 개발법

첫째, *연결법*이다. 이는 기존의 두 가지 품목을 연결시켜 새로운 제품을 탄생시키는 것이다.

시계라는 품목을 설정해 보자. 시계에 삐삐를 연결하면 손목에 차는 삐삐가 나온다. 전화기와 연결하면 시계형 핸드폰이 된다. 연결법을 활용하면 낚시찌에 센서를 달아 고기가 물면 불이 켜지는 제품이 나온다. 전지에 선풍기를 달면 휴대용 선풍기가 생긴다. 선풍기를 단 모자 같은 제품을 만들 수도 있다.

이 연결법은 틈새시장을 확보하는 데 이용하기 적합하다. 연결법으로 아이템을 개발하려면, 주변의 물건 중 전혀 다른 두 가지를 연결해 보라. 색다른 제품이 순간적으로 머리에 떠오를 것이다.

둘째, *뒤집기*이다. 뒤집기란, 상식을 벗어나서 앞이나 뒤, 속과 겉을 뒤바꾸어 놓는 방법을 말한다.

속옷감으로 겉옷을 만들어 보라. 틀림없이 유행을 할 것이다. 속이 다 들여다보이는 여성용 핸드백과 여름용 롱부츠도 뒤집기 기법을 활용하여 유행시킨 것이다. 최고급 죽집, 호화 꽁보리밥집 등 뒤집기 기법을 쓰면 연상되는 것이 참 많다.

셋째, *포터블화*하라는 것이다. 지금은 움직이는 시대다. 어떤 제품이든 들고 다니거나 차에 실을 수 있도록 소형으로 만들어 보라. 컴퓨터, 식탁, 골프네트, 자전거, 냉장고, 침대 등 무엇이든 포터블화하면 된다.

넷째, *기능성*의 부여이다. 이는 전자제품을 중심으로 많이 활용된다. 기존 핸드폰에 주소 기억장치를 다는 것 같은 방법이다.

페인트를 예로 들자. 페인트의 기본은 장식성이다. 그러나 방부식, 방청, 방염 등의 기능을 부가하면서 값을 2~3배나 더 받을 수 있다. 기능성을 부여하면 부가가치가 높아져 높은 가격으로 팔 수 있는 것이다. 요즘은 먼지가 전혀 묻지 않는 페인트가 나오는가 하면, 스텔스기가 레이더에 잡히지 않는 것도 페인트에 기능성을 부여한 기술 때문이다.

조용히 연상해 보라. 이 네 가지 방법만으로도 틀림없이 기발한 아이템을 발견하게 될 것이다.

초기 투자는 겸손하게
─ 개성 있는 사업선정 ─

〈솔로몬시스템〉의 정상원 사장(31)은 한양대학을 졸업한 뒤 직장생활 2년만에 사표를 던졌다. 1993년 초, 서울 신정동에 있는 선배의 사무실 한 귀퉁이를 빌렸다. 이곳에 학교 다닐 때 쓰던 책상을 갖다 놓고 팩시밀리가 연결된 전화 1대를 설치한 것이 창업준비의 전부였다.

그는 그 사무실에서 레이저 판금업체들이 필요로 하는 소프트웨어를 미국에서 수입해다가 팔았다. 정 사장이 창업에 들인 돈은 총 70만원뿐이었다. 그는 직원이라고는 단 1명도 없는 회사를 차렸다. 그렇지만 명함에는 '솔로몬시스템/대표 정상원'이라고 찍어 영업전선에 나섰다. 실천능력의 측면에서 본다면 BQ가 돋보이는 면이다.

3년이 지난 현재 〈솔로몬〉은 직원 24명의 중견 소프트웨어업체가 되었다. 국내 판금분야 소프트웨어의 60%를 점유하고 있다. 부천에 레이저 가공공장도 설립했다. 오는 하반기부터는 〈삼성전자〉에서도 이 회사의 프로그램을 채택한다.

대부분의 사람들은 정 사장처럼 큰돈 없이 사업을 할 수 없을까 고심한다. 이것은 현명한 고민이다. 첫 사업을 시작하면서 거창한 사무실을 빌리고 성대한 개업식을 하면서 출발할 필요는 없다. 초반부터 큰돈을 쏟아붓지 않는 것이 바람직하다.

피혁업체인 〈쌈지〉의 천호균 사장도 〈대우중공업〉을 다니다가 남대문시장 앞 인송빌딩에 있는 선배의 사무실에 책상 하나만 달랑 놓고 사업을 시작했다. 소자본으로 고급가죽 수입업을 시작했다. 그러나 지금은 〈쌈지〉가 만든 피혁제품이 홍콩을 비롯하여 일본, 이스라엘 등 6개국의 '쌈지숍'에서 인기를 누리고 있다.

〈청산엔프라〉의 강신종 사장도 사글세방에 살면서 퇴직금 200만원으로 특수 용접봉 판매에서 출발했고, 〈수산중공업〉의 박주탁 회장도 청계천에서 친구의 공구상 옆에 책상 하나 놓고 공구 수입판매로 사업을 시작했다.

이처럼 적은 돈으로 창업을 하려면 비제조업에서 시작해야 한다. 컴퓨터 케이스를 만드는 업체를 설립하려면 적어도 30억원은 들어야 하지만, 컴퓨터 케이스를 수입판매하는 사업을 시작하는 것은 5,000만원이면 가능하다. 또 적은 돈으로 창업을 하면 위험도가 낮다.

비제조업에서 시작하기 때문에 경험을 쌓을 기회도 갖는다. 건자재 대리점을 하다 보면 타일이나 동관이 어떤 과정을 거쳐 만들어지고 유통되는지 잘 알게 된다. 나아가 이들 중 어떤 품목이 장차 유망한지도 점칠 수 있게 된다. 그때 가서 유망한 아이템을 선정, 과감한 투자를 해도 늦지 않다.

최근 〈한국창업연구소〉가 만일 창업을 한다면 어떤 업종을 선

택할 것인지 직장인들을 상대로 조사했다. 이에 따르면, 첫 번째
는 역시 음식점이었다. '먹는 장사가 남는 장사'라는 상식이 그대
로 나타났다. 그 다음으로는 의류판매, 컴퓨터 대리점, 제과점,
오락실 등의 순이었다. 이들 업종은 너무나 일반적이어서 앞으로
발전성이 많지는 않을 듯하다.

그렇다면 우리 주변에서 적은 돈으로 창업할 만한 독특한 사업
이 없는지 살펴보자.

일단 미용분야에서 찾아보자. 미용분야는 다이어트 분야가 요
즘 가장 유망하다. 다이어트 운동기구, 다이어트 식품, 다이어트
귀고리, 다이어트 컨설팅 등 각종 다이어트 품목을 한 곳에서
모두 구할 수 있는 '원스톱 다이어트점'을 만들어 보라. 틀림없이
인기를 누릴 것이다. 물론 여기에 피부탄력제를 비롯하여 노화
방지 화장품, 각선미 스타킹, 허리군살 빼는 기구 등도 곁들이면
좋다.

학습분야도 유망하다. 학습능률기 대리점이나 전자학습기, 전
자번역기, 학습용 CD롬 판매도 새 아이템으로 떠오르고 있다.

업계에서 소자본 유망 품목으로 꼽는 아이템은 건강식품, 천연
조미료, 피자＋치킨, 전자안마기, 탈모방지용품, 홈페이지 설치
대행, 호신용 기기, 여행용품 전문점, 주니어 전문 어학원, 키가
커지는 구두, 공기청정기 등이다. 이들 품목은 크게 건강, 어린이
학습, 환경, 전문용역 등의 분야로 집약된다.

줄줄 새는 돈을 잡아라
—현금 관리—

여기 2억원과 3억원의 창업자금이 각각 있다. 이 중 어느 돈이 더 나을까. 상식적으로 돈은 역시 많고 볼일이 아닌가. 따라서 3억원이 낫다고 판단한다.

그러나 창업자로서 이런 단순한 판단은 금물이다. 돈에는 질이 있기 때문이다. 어떤 돈이든 질을 따져 보고 선택해야 한다.

 **좋은 돈을 선택하는 기준 두 가지** ·······························

첫째, 쓸 수 있는 *기간*이다. 기간이 길수록 좋다. 창업자금으로서는 1년간 쓸 수 있는 3억원보다는 3년간 쓸 수 있는 2억원이 훨씬 낫다는 얘기다. 창업을 해서 손익분기점까지 수익을 끌어올리려면 상당한 기간이 필요하기 때문이다.

둘째, *금리*이다. 이자는 조금이라도 낮은 것을 선택해야 한다. 우리나라 사람들은 사업을 시작하면서 이 금리문제를 곧잘 간

과한다. 대출이 복잡하다는 등을 이유로 고금리를 선택하는 경우가 흔하다. 이는 위험한 판단이다. 금리는 처음에는 별것 아닌 듯 보이지만, 나중에 눈덩이처럼 불어나 결국 사업을 망친다.

또 '자기자금은 이자가 없지 않은가'라고 반문하는 사람도 있다. 그러나 자기자금도 이자가 있는 것이나 마찬가지다.

투자한 돈으로 적정한 이익을 뽑아 내려면 적정금리를 책정하는 자금관리가 필요하다. 따라서 자금관리는 자금조달 못지않게 중요하다. 돈은 물과 같아서 작은 구멍만 있어도 쉽게 빠져 나간다. 정신 차려 잘 관리하지 않으면 금세 새나간다.

〈J은행〉에 다니던 박장연 씨(39)는 퇴직금과 저축한 돈 2억원으로 안산에 컴퓨터 판매점을 내기로 했다. 그러나 막상 점포를 얻고 물건을 들여 놓으려니 4억원이 필요했다. 그는 모자라는 돈 2억원을 월 2%의 이자로 처가와 친구한테 빌렸다. 점포를 내기 위해서는 2억원을 더 조달하는 것이 급선무였다.

그러나 처음에는 느끼지 못했지만 임대료 부담으로 힘겨운데다가 2년째 되면서 금리부담이 어깨를 짓눌러 왔다. 여기에다 안산에 〈세진컴퓨터〉 지역점이 들어오는 바람에 수요자들의 발길이 뚝 끊어졌다.

그는 컴퓨터 판매점을 처분하고 대구로 내려가 한약재 거래를 해 보기로 했다. 그러나 지금까지 장부상으로는 본전에 가까웠으나 막상 처분을 해 보니 2년만에 완전히 빈털터리가 돼 있었다. 그는 장부관리를 하면서 금리는 계산했으면서도 구입해 놓은 전시용 컴퓨터의 감가상각비를 빠트린 것이다. 컴퓨터는 사 놓고 1년만 지나면 거의 절반 가격으로 떨어진다. 엄청난 돈이 빠져 나가는 것을 계산하지 못한 채 씀씀이만 늘렸던 것이다.

창업자들은 시장조사를 나설 때부터 돈의 관리를 철저히 하는 습성을 익혀야 한다. 고의가 아니더라도 종업원들에 의해 돈이 빠져나가기도 한다. 다시 한 번 명심하자. 돈은 자기도 모르게 빠져 나가기 쉽다는 점을. 이를 항상 염두에 두면 언젠가는 부자가 된다. 현금의 관리수칙은 약 아홉 가지를 들 수 있다.

현금관리 수칙

(1) 현금출납장을 꼭 적어라.

(2) 들어온 돈은 지체없이 은행에 입금토록 하라.

(3) 현금출납장 잔액과 현금보유액이 같은지 확인하자.

(4) 지급 승인자와 출납 담당자은 달라야 한다.

(5) 총 수입금 중 외상 및 어음의 비중을 체크하자.

(6) 현금이 부족할 때의 강구책을 염두에 두자.

(7) 예산과 실적의 차이를 분석해 보라.

(8) 외상어음은 한시바삐 현금화하라.

(9) 입출금 증빙서류를 체크하라.

계획을 세우면 실수가 없다
―사업계획서―

보통 사업계획서는 회사를 설립한 뒤 만드는 것으로 안다. 그러나 결코 그렇지 않다. 예비 시장조사, 아이템 선정, 시장조사, 사업 타당성 검토가 끝나면 곧장 사업계획서를 만들어야 한다.

그러나 개인창업의 경우는 이 절차까지 깨 버리는 것이 좋다. 왜냐하면, 이러한 일련의 과정을 다 거치려면 사업시작 단계에서 시간과 비용이 너무 허비되기 때문이다.

사업계획서 작성요령

(1) 회사의 개요
  ─회사명, 대표자, 업종, 생산품, 소재지, 설립일, 회사의
   형태
(2) 시장조사
  ─고객, 시장규모, 경쟁상대, 시장점유율
(3) 판매계획

- 판매전략, 가격, 판매방법, 판촉활동

(4) 생산품 설계와 개발계획

- 개발상황과 과업, 문제점, 원가

(5) 공장입지와 생산계획

- 생산 기본계획의 문제점 도출

- 공장입지 계획

- 공장배치 및 선정

- 제품가치 분석의 추진

- 제품생산에 대한 일정, 계획의 기초적 검토

- 하청, 외주 가공업체의 운영정책

(6) 설비투자계획

- 설비투자 규모 분석

- 중점 설비투자부문 분석

- 예측 불확실성에 대한 대응책

(7) 인력수급계획

- 국내 노무구조의 변화 추이 분석

- 인력수급계획을 위한 일정, 계획

- 생산공정별 투입인력 분석

- 인건비와 노동생산성과의 관계 분석

(8) 조직계획

- 관리계획과 조직원칙의 수립

- 관리업무 분장계획

- 관리사무의 합리화와 전산화

(9) 재무계획(창업 종합예산 편성절차 표 참고)

　　　- 자금조달 원천 분석 및 조달계획
　　　- 합리적인 운영자금의 산출
　　(10) 이익계획
　　　- 장기 이익계획 및 단기 이익계획
　　　- 기업 성과의 종합적인 예측
　　　- 단·장기 이익계획과 자금계획의 조성
　　　- 단위당 판매가격 변동과 이익계획
　　(11) 추진일정

　일단 아이템 선정이 끝나면 곧장 사업계획서를 만들어 보라. 그 동안 예비 시장조사에서 생각하지 못했던 발상이 떠오른다.

　"장사만 잘 하면 됐지, 사업계획서가 무엇 때문에 필요해."

　음식점, 도소매업, 서비스 등의 업종으로 창업하는 사람들 가운데 이렇게 얘기하는 사람들을 자주 만난다. 이는 지극히 위험한 태도이다. 사업계획서를 만들다 보면 실수를 적게 하면서 장사를 잘 할 수 있는 길이 트이기 때문이다.

　그렇다면 사업계획서는 어떻게 만드는 것이 좋을까? 사업계획서에는 회사 개요, 인원구성, 시장조사, 판매계획, 자금계획, 설비투자, 이익계획, 추진일정 등이 포함된다. 먼저 회사 개요부터 작성해 보자.

회사 개요의 작성

　첫째, *회사의 이름*을 짓는 것이다. 회사명을 짓는 방법은 너무

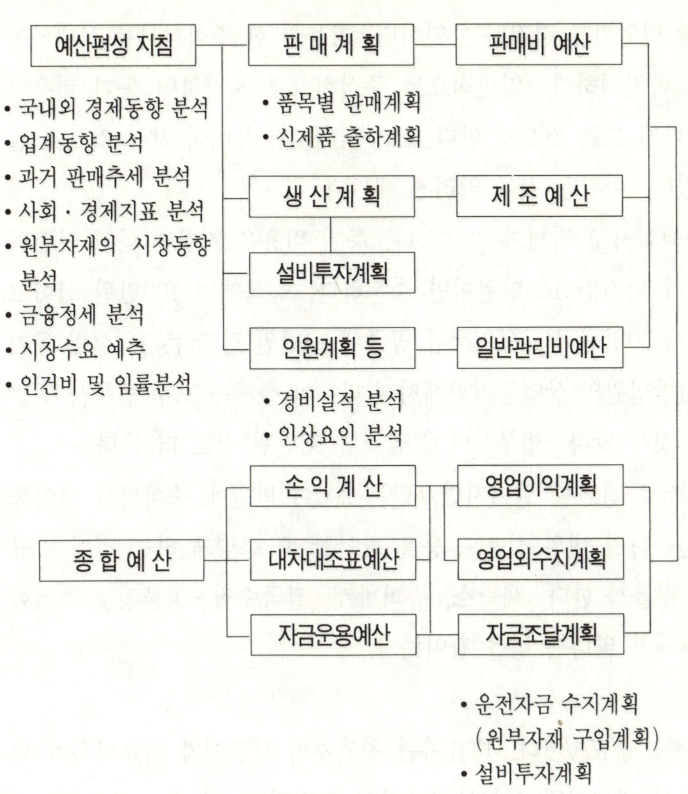

나 다양하다. 요즘은 국제화시대여서 영어식이 유행하는가 하면 순우리말 이름도 증가하는 추세이다. 주역을 믿는 사람이라면, 돈이 좀 들긴 하지만 역리원이나 작명소에서 짓는 것도 괜찮다. 처음 지은 이름에 대해 확신을 가질 수 있기 때문이다. 그렇지 않을 경우, 회사를 시작한 뒤 장사가 잘 풀리지 않으면 '이거 회사이름을 잘못 지은 게 아냐'라며 고민에 빠지는 사람들을 자주 봤다.

계획을 세우면 실수가 없다

둘째, *회사 형태*의 결정이다. 주식회사로 할 것인가 개인회사로 할 것인가를 결정하는 일이다. 가능한 한 주식회사를 선택하는 것이 바람직하다. 일반적으로 주식회사로 시작하면 등기 비용이 엄청나게 드는 것으로 안다. 또 세금을 더 물어야 하는 것으로 알고 있다. 이것은 잘못 알려진 얘기다.

주식회사도 절세가 가능하다. 등기 비용은 지방에 따라 약간의 차이가 있지만 160만원이면 충분하다. 등록세가 100만원 선이고 교육세 20만원 선, 등기서류 공증에 13만원 정도 든다. 설립 등기는 지방법원의 상업등기과에서 한다. 이 절차는 모두 법무사에 맡기는 것이 낫다. 법무사에게 맡기면 50만원 정도 더 든다.

스스로 판단할 일이지만, 단돈 200여 만원에 주식회사 타이틀을 얻는다면 대외 신용도 등을 감안할 때 그렇게 하는 것이 마땅하지 않을까 한다. 세탁소, 슈퍼마켓, 칼국수집, 철물점도 주식회사 형태가 많다는 점을 감안하자.

셋째, *대표자*이다. 대표자는 창업자가 사장이자 대표이사가 되는 것이 원칙이다. 다만 금융거래 부적격자이거나 전문경영인을 고용하는 경우는 투자자보다 경영자의 이름을 쓰기도 한다.

요즘은 공동투자를 하거나 동업을 하면서 '공동대표'를 맡는 경우가 흔하다. 이때 정말 조심해야 할 사항이 있다. 공동대표를 맡더라도 경영에 있어서는 대표이사 사장과 대표이사 전무 등으로 우열을 명확히 구분해야 한다는 점이다. 우리나라에서 동업은 위험하다는 점을 거듭 강조하고 싶다.

넷째, *업종과 취급품목*이다. 이는 아이템으로 선정한 품목을 적으면 된다.

다섯째, *소재지*이다. 소재지를 적으려면 일단 사무실 주소를 적어야 한다. 아직까지 사무실을 얻지 못한 상태라면 빈칸으로 둬도 된다.

여섯째, *설립일*을 결정하는 것이다. '설립일이야 아무때면 어때'라고 생각할지 모른다.

그러나 이는 뜻밖에도 중요하다. 자금계획에 따라 결정해야 한다. 일반 금융자금을 이용하려면 설립일이 빠른 것이 낫다. 반면 창업자금이나 창업투자회사의 투자를 끌어들이려면 가능한 한 늦게 잡아야 한다. 설립일로부터 일정 기간이 지난 회사는 창업자금을 쓸 수 없기 때문이다.

돈을 잘 빌려야 돈 번다
―자금대출―

사업을 시작하고 보면 돈이 모자라는 경우가 흔하다. 이럴 때는 은행돈을 빌리는 것이 상책이다. 그러나 대부분 은행의 이용방법을 잘 모른다. 어떻게 하면 은행돈을 쉽게 빌릴 수 있을까? 이런 고민에 빠진다. 무턱대고 은행을 찾아가 돈을 내놓으라면 단번에 거절당하기 때문이다.

금융기관에서는 돈을 잘 갚을 사람에게 잘 빌려 준다. 잘 갚는 것이 바로 신용이다. 그렇다면 은행은 신용을 어떻게 심사할까. 사업성, 사장의 능력, 재무구조 등을 점수로 매겨 돈을 잘 갚을 사람인가 아닌가를 가려낸다. 특히 사장의 능력은 그 경영자의 BQ와 같다고 할 수 있다. 실천능력과 사업에 대한 믿음, 목표의식은 꾸미지 않아도 보인다.

 **은행 평가점수 높이기** ....

첫째, 빌려야 할 *자금의 종류*를 알고 찾아가야 한다. 은행이 빌

려 주는 자금은 약 300가지 정도 된다. 이 중 자신에게 알맞은 자금이 어떤 것인지 알아보고, 이를 취급하는 은행을 찾아가야 한다.

실제 〈중소기업은행〉에 가서 돈을 빌릴 경우를 생각해 보자. 이 곳에서 창업자가 빌릴 수 있는 돈은 창업 지원자금, 기술개발 사업화자금, 소기업 지원자금, 담보물 경락자금 등이다. 〈기은〉의 창업자금을 받으려면 창업한 지 3년 이내인 회사여야 한다. 지원업종은 제조업, 건축, 엔지니어링, 기술 서비스, 정보처리, 컴퓨터 운용 관련업 등이면 가능하다. 대출한도는 시설 5억원 이내, 운전자금 2억원 이내이다. 소기업자금은 10인 이내의 도소매업체도 빌릴 수 있다. 창업자금을 빌리러 갈 경우라면, 이 정도는 살펴본 뒤 찾아가야 한다는 얘기다.

둘째, *여유*를 가져야 한다. 은행을 찾아가서는 너무 조급해 하면 안 된다. 금융기관 대출창구에 있는 사람들은 서류를 살펴보기에 앞서 경영자의 태도를 관찰한다. 이 사람이 꾸준히 돈을 갚을 사람인지 눈여겨본다. 이때 조급해 하는 사람이라면 실격이다. '돈이 당장 필요하다'며 아우성칠수록 더 늦게 나온다는 사실을 염두에 두자. 또 너무 비굴하게 굴어도 점수가 깎인다. 따라서 침착하게 대처하는 것이 가장 바람직하다.

셋째, *대출서류*는 완벽하게 구비해야 한다. 대출창구에 가 보면, 창구직원은 가장 먼저 담보를 요구한다. 이 담보 요구를 피하는 방법으로는 신용보증을 받거나 중소기업진흥공단의 사업 타당성 검토를 받아 가야 한다.

은행은 담보가 없을수록 더 많은 서류를 요구한다. 그것들 중에는 창업자가 구하기 힘든 서류들이 너무나 많다. 그러나 여기서 변명하지는 말자. 이의를 제기할 힘이 있다면, 차라리 서류를 만드는 데 힘을 쏟자. 은행이든 신용보증기금이든 아직까지는 서류를 봐야 믿어 준다. 서류를 보고 평가하는 점수의 비중이 가장 높다.

넷째, *대출창구 직원과는* 절대 말다툼을 하지 말라. 이는 기업을 해 본 사람들의 한결같은 충고이다. 사업을 오래 하려면 은행 사람이나 세무서 직원과는 결코 싸우지 말라고 얘기한다. 불친절, 담보 부족, 서류 미비 등을 놓고 싸워 봤자 손해만 돌아오기 때문이란다.

창업자금은 은행이 아닌 곳에서도 취급한다. 각 시·도에서도 조달할 수 있다. 이 자금은 정부의 '중소기업 구조고도화자금'에서 지원되는 것으로, 대출조건이 매우 유리하다. 지원한도는 시설자금이 7억원까지이고 운전자금은 2억원까지 빌려 준다. 금리는 7% 선이고, 대출기간은 시설 8년, 운전 3년까지이다. 이 자금을 대구, 대전, 경기, 충북, 충남, 전남, 경북, 경남은 중소기업지원과에서 담당하고, 인천, 광주, 제주는 지역경제과에서 취급한다. 부산은 공업과에서 지원한다.

구매와 판매는 환상의 커플
—구매요령—

횟집에 손님이 몰려들게 하려면 일단 신선한 활어를 구해 와야
한다. 산지 직송의 고급 활어를 싼값에 확보할 수 있어야 한다.
남는 장사를 하려면 원료구매를 잘 해야 한다는 얘기다. 슈퍼마켓
이든 건자재상이든 제조업체든 다 마찬가지다.

그러나 대부분 사업을 시작한 다음에는 판매에만 신경을 쓰느
라 바쁘다. 구매를 잘 하는 것이 판매증대의 지름길이라는 사실을
곧잘 잊는다. 좋은 구매가 사업을 살린다는 점을 명심하자. 매번
'신선한 활어'를 구해 오기 위해서는 다음의 네 가지 원칙을 지키
는 것이 바람직하다.

싱싱한 구매선 확보요령 ··

첫째, *구매정보*를 모아야 한다. 사업장을 열기만 하면 어떻게
알았는지 곳곳에서 자기 회사의 물건을 팔아 줄 것을 종용하는 전
화가 아침부터 울린다. 이미 확실한 물품구입처를 정해 놓고 있는

데도 직접 찾아와 거래처를 바꾸어 보라고 설득한다. 정말 귀찮다. 짜증스럽기만 하다.

그러나 이럴 때 전화응답이나 방문을 무조건 기피하는 것은 금물이다. 아무리 시간이 없더라도 정보만큼은 체크하라. 또 아침신문을 볼 때도 자신의 사업과 관련되는 구매정보는 꼭 메모하는 습관이 필요하다. 작은 정보라도 소중하게 여기면 큰 정보를 얻을 수 있다. 물론 당신의 BQ도 쉼없이 성장한다.

둘째, *대금결제일*을 꼭 지켜야 한다. 대금의 지급방법은 대체로 두 가지 방법 중 하나를 선택한다. 월말을 마감일로 다음 달 20일 정도에 현금을 주거나 2~3개월짜리 어음을 끊어준다. 그러나 돈이란 이상한 성질이 있다. 거래가 지속되면서 자꾸 외상이 늘어난다. 게다가 결제때만 되면 묘하게 쪼들린다. 월급을 주는 시기와 맞물려 더욱 궁색해진다. 하필이면 부가세 납부와 대출금리 입금일까지 겹치다니. 이럴 때는 누구나 '에이, 그까짓 대금결제는 며칠 미루자'는 판단을 내리기 쉽다. 그러나 이것은 잘못된 판단이다.

대금결제일 어김없이 지켜보라. 예상 외의 혜택이 돌아온다. 거래 상대방은 대금결제 시기를 잘 지키는 사람을 가장 신용 있는 사람으로 평가한다. 따라서 '신선한 활어'가 부족할 때에도 대금결제를 잘 지키는 사람에게는 싱싱한 고기를 틀림없이 공급해 준다. 이제부터라도 줄 것은 주고 살자.

셋째, *친인척*을 배제하라. 장사를 하다 보면 아무래도 친인척, 친구, 학연, 지연 등을 통해 거래를 하게 된다. 이 경우 그 사람의 됨됨이를 사전에 알 수 있기 때문에 유리한 점이 많다.

그러나 장기간 거래를 하다가 보면 정작 하고 싶은 애기도 인정상 꺼내지 못하는 경우가 늘어난다. 품질과 가격이 만족스럽지 못해도 참고 견뎌야 한다. 시간이 흐를수록 상처는 더욱 커져 결국 곪아터지고 만다. 친척도 친구도 잃게 된다. 다만 물품을 구매하는 것이 아니라 판매할 때에는 친인척을 최대한 활용하는 것이 좋다. 이럴 경우, 친인척과 거래하더라도 품질이나 서비스는 엄격해야 한다.

넷째, *경쟁업체*를 개발하자. 원료를 구입할 때 가끔씩 파격적인 가격을 제시해 오는 업자들을 만난다. 이럴 경우, 경쟁업체를 따돌리고 파격가를 수용하는 거래를 할 때도 있다.

그러나 아무리 파격적인 구매조건을 제시하더라도 복수거래를 해야 한다. 단수거래는 원료부족시 매우 위험하다. 특히 접대, 선물 등의 유혹에 넘어가서 단수거래를 하게 되면, 어느 날 갑자기 원료부족에 부닥쳐 사업을 망칠 수도 있다. 다만 10~20% 정도라도 경쟁업체에서 구매를 하라. 경쟁은 구매물품의 고급화를 촉진시킨다.

⑧

만국공통의 판매기법 여섯 가지

파리만 날리는 음식점을 가끔 본다. 깨끗한 식탁에 환한 장식까지 하고 개업을 했어도 한 달이 지나면서 손님의 발길이 뚝 끊겼다. 계산대에 앉은 사장은 매일 목이 바싹바싹 타서 길만 연신 내다본다. 그런데도 건너편 음식점은 손님들로 꽉꽉 메워진다.

왜 이런 현상이 나타날까? 아무리 오래 장사를 한 사람들도 이해하기 가장 힘든 것이 '손님들의 발길'이라고 말한다. 그만큼 손님이 무섭다는 지적이다.

그러나 장사를 잘 하는 사람들이 제시하는, 손님을 끄는 방법이 있다. 이를 간추려 보면 대략 여섯 가지로 나뉜다.

 **손님을 확 끄는 여섯 가지 방법** ────────────────────

첫째, *상품의 전문성*이다. 같은 음식점을 차리더라도 전문 아이템이 있어야 한다는 뜻이다. 물론 아이템만 전문화하는 것이 아니다. 고객까지 전문화시킬 수 있다. 연령, 직업, 성별, 복장 등

을 다양하게 전문화시킬 수 있다.

둘째, *품질*이 우수해야 한다. 음식점이라면, 맛이 있어야 한다는 애기다.

셋째, *가격 경쟁력*을 갖춰야 한다. 장사란 역시 박리다매 전략이 가장 성공적이라는 사실을 잊지 말자.

넷째, *장소*가 편리해야 한다. 판매 위주의 상품으로 창업을 할 경우에 가장 중요한 것이 바로 '길목'이다. 사람들이 많이 다니지 않는 곳에 과감히 투자해 손님을 끌어모으겠다는 것은 창업자에게는 너무나 위험한 발상이다. 몫이 좋은 곳은 권리금이 비싼 것이 흠이다. 그러나 권리금을 너무 두려워하지 말자. '골목 하나 차이가 흥망의 갈림길'이라는 점을 염두에 둬야 한다.

고급제품 판매점은 주차장 완비가 필수다. 앞으로는 서점, 예식장, 고급 음식점은 도시 외곽에서 창업하더라도 주차장만 잘 갖추면 가능하다.

다섯째, *소문*을 내야 한다. 홍보를 해야 한다. 소문을 내는 방법은 자기 지역에 배달되는 신문에 간지를 넣어 돌리는 것으로 시작한다. 이어 각종 홍보물을 만들어 배포한다. 전문지에 광고를 내기도 한다.

그러나 가장 중요한 것은 사람들의 입을 통한 홍보이다. 사장과 주변 가족들이 자신 있게 새 사업을 자랑하는 일이 으뜸이다. 아무리 시시한 업종으로 사업을 시작했더라도 '뭐, 조그마한 것 하나 차렸습니다'라고 말하지 말라. '홍대 입구에 〈안경만들기〉라는 안경점을 새로 차렸습니다'라고 분명하고 자랑스럽게 말하는 것이 좋다.

　여섯째, *친절*해야 한다. 친절이란 단순히 인사를 싹싹하게 잘하는 것을 말하는 것이 아니다. 고개만 숙일 것이 아니라 가슴까지 숙여야 한다는 애기다.

　제품이 아니라 마음을 판다고 생각하는 것이 친절이다. 그러려면 손님에게 정직해야 한다. 애걸복걸조의 친절은 오히려 손님을 쫓는다. 단골고객과 지방색, 종교 등을 내세워 말다툼하는 것은 정말 바보스러운 행동이다. 가까운 고객일수록 예절을 지키자.

　판매대에는 너무 키 큰 사람을 절대 세우지 않는 것도 상식이다. 키가 큰 사람이 버티고 서 있으면 고객들이 올려다봐야 한다. 괜히 위압감을 느껴 그냥 나가 버릴 수도 있다.

　자, 이제 주변을 살펴보라. 이 여섯 가지 중 네 가지 이상의 항목이 잘못된 점포나 사업체는 어김없이 파리를 날릴 것이다. 반면 장사가 잘 되는 집을 체크해 보라. 틀림없이 여섯 가지 가운데 네 가지 이상을 잘 지키고 있을 것이다.

(9)

뼈대 있는 회사는 서류관리를 잘 한다

창업을 하기로 결정했다면, 곧장 책상서랍에서 종이를 한 장 꺼내 이렇게 적어 보라.

서류번호 96-1
〈한일시스템〉의 박찬호 대리는 사업을 하기로 결정함.
• 창업업종 – 소프트웨어 개발
• 사업개시 예정일 – 11월 1일
이를 꼭 실천하겠음.

1996년. 예비 사장 박찬호. 날인

이 약속과 다짐의 문서를 프린터로 빼내 서류철에 보관해 보자. 서류란 참 묘한 힘을 발휘한다. 결정한 사항을 함부로 바꿀 수 없게 만들고, 꺼내 볼 때마다 실천하도록 촉구한다. 당신의 BQ를 높여 주는 훌륭한 보디가드인 셈이다. 사장이 되면 서류가 얼마나 기막힌 힘을 가진 것인지 더욱 실감하게 된다.

사원관리에는 서류가 상책이다. 서류 없이 '김 대리가 전에 그 렇게 말했잖아'라는 식으로 윽박질러서는 의사전달이 제대로 이루 어지지 않는다. 그러나 당초 결재를 해 준 서류를 앞에 놓고 '실 적이 미달됐다'고 독려하면 사원들의 태도가 금방 바뀐다.

자료점검 및 서류관리에 치밀하다고 '꽁생원'이 되는 것은 결 코 아니다. 오히려 꼬치꼬치 캐묻지 않아도 자료만 보고도 판단할 수 있어 너그러운 사장이 된다. 컴퓨터에 내장된 자료를 쉽게 검 색할 수 있는 수준이라면 금상첨화다. 자료분석력이 강해야 리더 십도 발휘할 수 있는 것이 요즘의 실상이다.

서류는 거래처 관리에도 필수다. 거래처 명단을 작성하고 담당 자, 전화번호, 거래실적, 외상의 비중 등을 정리해 두면 매출의 증대효과를 얻게 된다.

회계장부 관리도 매우 중요하다. 더러는 '장부관리는 경리사원 이 알아서 할 일'이라고 단정한다. 세금이 겁나서 장부를 작성하 지 않기도 한다.

그러나 장부를 제대로 관리하지 않는 사장치고 성공하는 경우 는 거의 없다. 회계를 모르더라도 장부를 펴 보라. 돈이 나갔다. 언제 어디에 썼나. 돈이 들어왔다. 어디서 얼마 받았나. 돈이 실 제 얼마나 남아 있나. 이 돈이면 이 달의 결제는 충분한가. 사장 이라면 이 정도는 장부를 보고 알아야 한다.

창업자가 곧잘 실수를 하는 것이 또 있다. 사장의 개인 돈과 회 사 돈을 구별하지 못하는 것이다. 사장은 회사 돈을 좌지우지할 수 있다. 그렇다고 정확한 기록 없이 돈을 꺼내 쓰면 나중에 여러 가지 문제가 생긴다. 경영분석이 불가능해지는 것이다. 적자인지

흑자인지 분간할 수가 없다. 따라서 사장도 입출금 시에는 확실히 기록하자. 기업 통장과 자기 통장을 나누자. 기업 신용카드와 개인의 신용카드를 명확히 구분하자.

창업기업도 사업계획을 작성한 뒤에는 곧 사규(社規)를 만들어야 한다. 초기부터 완벽한 사규를 다 만들기는 어렵다. 그러나 조직 구성, 급여 및 승진, 일용직 채용규정, 여비 지급기준, 차량의 관리, 영업관리, 문서관리, 자재출입, 기밀비 지급기준 등 최소한의 사규는 정립해 놔야 탈이 없다. 사규 없는 회사는 법률 없는 국가와 마찬가지여서 혼란이 일어나기 십상이다.

요즘 자금조달계획을 서류화하지 않는 업체는 드물다. 그러나 대부분의 창업자들은 조달자금의 상환계획은 서류로 만들어 놓지 않는다. '아직 사업 초기단계인데 상환이 뭐 걱정인가. 우선 영업이나 열심히 하자'라고 판단한다.

그러나 여기서 상기해 보자. 우리나라 기업의 평균연령은 4세 정도 밖에 되지 않는다. 거의 영아기에 사망한다. 1년에 1만개 이상의 사업체가 부도를 낸다. 왜 그럴까. 바로 판매 및 자금계획을 자료화하지 않고 주먹구구로 운영한 탓도 많지 않을까. 이제 창업을 꿈꾼다면 자료를 만드는 일에 익숙해져야 한다.

내 입맛에 맞는 회사는?

— 개인기업 / 주식회사 —

창업자가 선택해야 하는 회사 형태는 보통 두 가지로 나뉜다.

첫째는 주식회사, 둘째는 개인사업이다. 우선 이 두 가지 중 어느 편이 나은지를 비교해 보자.

두 가지 기업의 형태 중 어느 하나를 선택하는 데 있어서 중요한 잣대는 등기절차와 세금이다. 개인사업자는 등기절차가 간단하다. 사업자등록만 하면 절차는 모두 끝난다. 이에 비해 주식회사는 설립절차가 약간 복잡하다. 신설 법인등기를 해야 하기 때문이다.

주식회사의 설립등기는 각 지방법원의 상업등기과에서 한다. 등기에 드는 비용은 등록세를 포함해 약 150만원 선이다. 신청서류는 14가지에 이르는데, 등기신청서를 비롯하여 정관, 주식발행 사항 동의서, 인감증명서, 창립총회 의사록 등을 갖춰야 한다. 대부분의 창업자들이 이렇게 많은 서류를 갖추는 것을 힘겨워 한다. 그냥 개인사업자로 시작하고 싶어한다.

그러나 속을 들여다보면 제출해야 하는 서류 중 상당수가 형식

〈개인기업과 법인기업의 차이점〉

구 분	개 인 기 업	법 인 기 업
설 립	단　순	복　잡
운 영	• 단독 무한책임 • 기업주 활동의 자유 • 세부담 불리 • 자본조달의 제한 • 신용도 취약 • 영속성의 결여 • 창의 노력의 극대화	• 유한책임 • 기업주 활동제약(상법 등) • 세부담 유리 • 자본조달 용이 • 대외 신용도 우월 • 영속성이 있음 • 재산이전 용이(주식양도)
청 산	단　순	복　잡(상법상 청산절차)

적인 것이다. 주식모집 설립이 아닌 경우 법무사에게 맡기면 다 알아서 처리해 준다. 대신 법무사에게 50만원 정도의 대행료만 주면 된다. 등기부에 기재하는 사항은 상호, 사업목적, 임원 명단 등으로 간단하다. 등기서류를 신청하고 법인등기가 나오는 데는 사흘 정도 걸린다.

영세 창업자로서 주식회사를 등기하는 데 가장 부담스러운 것은 자본금이다. 5,000만원의 자본금을 적립해야 한다. 은행잔고 증명을 내야 하기 때문이다. 그러나 이것마저 법무사에게 부탁하면 자본금에 필요한 돈을 이틀간 빌려 준다. 이틀간의 이자만 물면 된다. 이처럼 주식회사로 등기하는 절차가 그렇게 힘든 것만은 아니다.

이제 세금문제를 놓고 어느 형태가 나은지 알아보자. 일반적으로 주식회사에 대해서는 인정과세를 하는 일이 많지 않다. 덕분에 창업 초기에도 주식회사가 오히려 덕을 보는 수가 많다.

〈주식회사의 설립절차〉

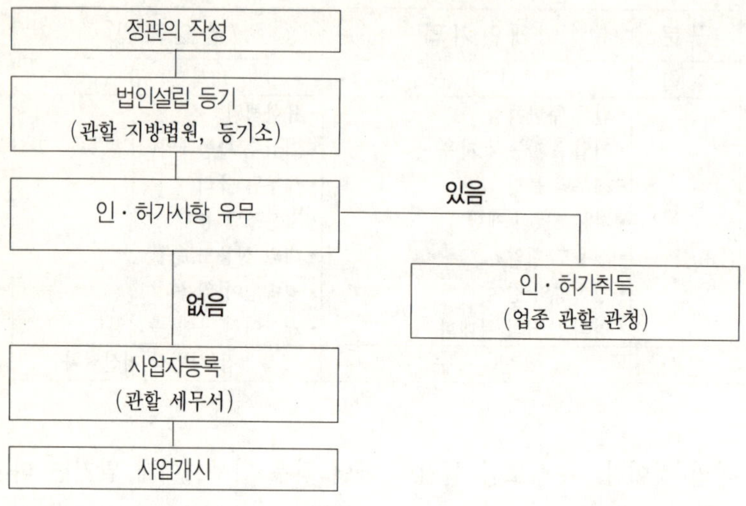

일례로 10억원의 매출을 올렸지만 적자를 보았다고 치자. 주식회사의 경우는 '운영 미숙으로 이익이 전혀 나지 않았다'며 외부 조정계산서를 첨부하여 세무서에 신고하면 세금혜택을 받는다. 그렇지만 개인기업은 보통 6~9%의 순이익이 난 것으로 간주, 세무신고를 하도록 권유한다. 인정과세를 한다는 애기다.

인정과세의 세율은 음식, 숙박, 소매업은 높고 제조업과 건설업은 낮은 편이다. 물론 이런 인정과세가 부당하다고 생각될 경우에는 실사를 요구할 수 있다. 그러나 세무서 직원이 나와 장부를 일일이 뒤적여 확인을 받기까지는 엄청난 번거로움이 따른다.

이렇게 볼 때, 세금면에서도 개인사업자가 꼭 나은 것은 아니다. 다만 매출이 과세특례업자 수준인 경우는 굳이 법인등기를 하지 않아도 된다.

종업원 5인 이하에 세금계산서를 주고받기가 어려울 때도 개인 사업자로 1~2년 정도 사업을 하다가 법인으로 전환하는 것이 바람직하다.

그렇다면 매출이 어느 정도일 때부터 주식회사가 유리할까. 이는 업종에 따라 차이가 많지만, 전문가들은 매출 5억원 정도를 분기점으로 본다. 5억원 이상이면 주식회사로 바꾸는 것이 유리하다는 것이다. 주식회사 등기가 끝나면 곧장 사업자등록을 해야 한다. 개인사업자도 사업을 시작한 지 20일 이내에 사업자등록을 신청해야 한다. 신청장소는 세무서 민원봉사실이며 처리기간은 7일 이내이다. 등록이 끝나면 사업자등록번호가 나온다. 이 번호는 상거래를 할 때 사용되는 고유번호이다.

사업자등록을 제때에 하지 않으면 공급가액의 1~2%에 해당하는 가산세를 물게 된다. 가산세를 물지 않도록 유의하자. 사업자등록이 끝나면 창업자는 이제 법적인 사장이 된다.

법인 설립신고 및 사업자등록 신청시 필요한 서류

- 사업자 등록 신청서 1부
- 법인 등기부등본 1부
- 인·허가증 사본 1부
- 임대차계약서 사본 1부(인지를 반드시 붙일 것)
- 개시 대차대조표 1부
- 재산목록 1부
- 정관사본 1부

- 주주 명부
- 임원 명부 1부
- 주주 전원 주민등록등본 1통(대표이사는 2통)
- 법인 인감증명원 1부
- 주주 전원 출자확인서 각 1부*
- 주주 전원 인감증명서(용도 : 주주 확인용) 각 1부*
  (* 는 특수관계자가 과점 주주인 경우만 해당)
- 주금납입금 보관증명서 사본 1통
- 법인 인감도장 지참

세금이 적어야 회사가 살찐다
— 부가가치세 / 소득세 —

창업을 하고 나면 피할 수 없는 세금이 두 가지 있다. 부가가치세와 소득세이다. 물론 주식회사는 소득세 대신 법인세를 내야 한다. 소득세란, 사업을 해서 번 돈에 대해 내는 세금을 말한다. 반면 부가가치세는 물건을 사다가 파는 과정에서 생긴 마진에 대해 무는 세금이다.

부가가치세는 세금계산서를 작성하여 연4회 세무서에 신고해야 한다. 불성실신고에 대해서는 가산세를 매긴다. 부가가치세를 내지 않아도 되는 업종도 있기는 하다. 곡물, 과실, 채소, 육류, 생선 등의 판매는 부가세를 내지 않는다. 연탄, 담배, 복권, 신문, 잡지, 도서, 학원, 강습소, 교습소 등은 부가세를 내지 않아도 된다.

그러나 일부 업종은 특별소비세를 내야 한다. 카바레, 나이트클럽, 요정 등의 유흥장과 귀금속상, 슬롯머신을 설치한 오락장 등이 여기에 해당된다.

소규모로 사업을 처음 시작할 때는 과세특례 혜택을 받는 것이 좋다. 과세특례자는 일반과세자에 비해 세금을 적게 내도 된다. 더욱이 과세특례자는 기장의무가 없다. 영수증을 발행하고 주고받은 영수증만 보관하면 기장을 한 것으로 본다.

일반과세자는 세금계산서를 주고받아야 하며 매입매출장을 적어야 한다. 신고납부도 일반과세자는 확정신고 두 번, 예정신고 두 번 등 모두 네 번인 반면 과세특례자는 두 번의 확정신고만 하면 두 번은 저절로 고지서가 나온다. 그러나 제조업, 도매업, 광업은 원칙적으로 과세특례자가 될 수 없다. 또 50% 이상을 최종소비자에게 직접 공급하는 사업자는 과세특례를 받을 수 있다.

소매업으로 시작하는 사람들이 염두에 둬야 할 사항이 하나 있다. 도소매를 겸업할 경우는 소매업도 과세특례에서 제외된다는 점이다. 따라서 소매업만 한다면 사업자등록을 할 때 소매업만 신고하는 것이 좋다.

이제 일반 사업자가 내는 소득세에 대해 더 자세히 알아보자. 소득세란 1년간의 세금을 다음 해 5월에 관할 세무서에 납부하는 것이다. 연간 소득에 대한 세금을 한 번에 납부하려면 힘겹다. 때문에 사업소득과 부동산소득에 대해서는 중간예납제를 둔다. 전년도에 낸 세금의 절반에 해당하는 세금을 매년 11월 말까지 내도록 한다.

그렇다면 세무상 '소득'이란 무엇을 말하는가. 이는 연간 수입금액에서 비용을 뺀 금액을 말한다. 이 소득에다 세율을 곱하면 소득세액이 나온다. 세율은 5%에서 50%까지 5단계로 누진된다. 소득이 커질수록 세율은 급격히 올라간다. 25% 이상으로 올라갈 때는 법인으로 전환하지 않고서는 배기기 어렵다.

　많은 창업자들이 처음 장사를 한 뒤 세무서에서 발급된 고지서를 보고 당황한다. 생각보다 세금이 너무 많이 나와서 그렇다. 창업자는 이런 일을 당하기 전에 스스로 세무상식을 알아두는 것이 바람직하다. 세금은 적게 내는 것이 상책이다.

12

예비 창업자들의 수호천사
—중소기업 창업투자회사—

국내에는 53개의 중소기업 창업투자회사(약칭 창투사)가 있다. 신기술을 개발하고서도 돈이 모자라 쩔쩔 매는 사람이라면 창투사를 찾아가는 것이 제격이다.

창투사를 이용하는 데는 까다로운 자격이 필요한 게 아니다. 창업한 지 7년 이내의 기업이면 된다. 업종은 제조업, 광업, 공학 관련 서비스업, 조사정보 서비스업, 기계장비 임대업 등으로 제한된다. 이용방법은 일단 창투사를 방문하여 자신의 기술과 사업방향에 대해 설명하고 투자를 요청하는 것이 좋다.

그러나 막상 창투사를 찾아가려고 할 때 어느 곳으로 가야 할지 망설이게 된다. 이런 경우에는 대개 그 창투사의 대주주가 누구인가를 살피면 해답이 나온다. 제조업체에서 설립한 창투사가 있는가 하면 금융기관에서 만든 창투사도 많다.

제조업체가 설립한 창투사로는 〈한라창투〉(만도기계), 〈동부창투〉(동부제강), 〈대방창투〉(태일정밀), 〈신도창투〉(신도리코) 등 20개에 이른다. 이들은 제조업 관련 업종을 선호하는 편이다.

이에 비해 은행이 대주주인 투자사는 비교적 안전투자를 하는 편이다. 다만 벤처기업에 대해서는 과감히 지원한다. 〈기업개발금융〉(기은), 〈국민기술금융〉(국민은행), 〈대구창투〉(대구은행), 〈장은창투〉(장기은행) 등이 금융기관에서 설립한 창투사이다.

창투자금으로 고속성장을 하는 기업들을 대상으로, 서울지역의 창업자가 찾아갔을 때 가장 상세히 상담해 주는 회사가 어디인지 물어 봤다. 〈동양토탈〉, 〈선일기계진흥〉, 〈프로칩스〉 등 여러 기업이 〈신보창투〉를 꼽았다. 이들이 추천한 〈신보창투〉는 여의도 증권감독원 빌딩 15층(784-4784~9)에 있다. 여의도에 가는 길이라면 MBC 건너편 쌍마빌딩의 〈창투협회〉(785-0602~4)를 찾아가 보는 것도 괜찮다.

〈창업투자회사의 지원절차〉

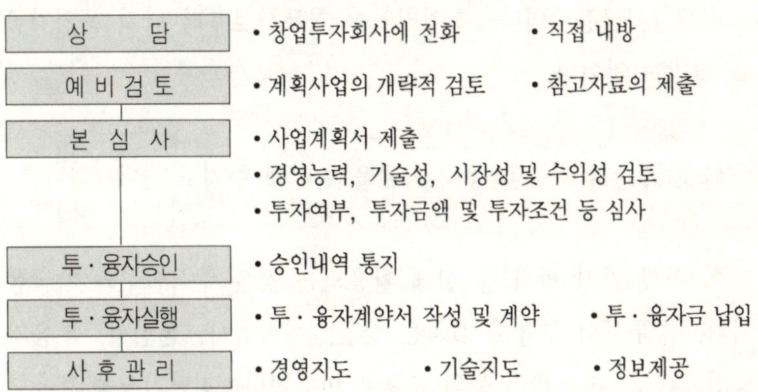

창투사가 창업자에게 자금을 지원하는 방법은 크게 다섯 가지로 나뉜다.

첫째, 주식인수 방법이다. 창투사가 창업회사의 주식에 투자하면서 자금을 공급해 주는 방법이다. 창업기업 자본금 총액의 50%까지 투자해 준다.

둘째, 회사채 인수방법이다. 주식인수 총액의 50% 이내까지 가능하다.

셋째, 약정투자다. 기업과 창투사가 약정에 의해 투자조건을 결정하는 방식이다.

넷째, 자금융자이다. 창업기업이 창투사로부터 단기 운영자금을 빌리는 것이다.

다섯째, 지급보증을 통해 자금을 알선해 주기도 한다.

이 다섯 가지 방식 중 실제 활용되는 것은 주식인수와 자금융자다. 창투사의 투융자 절차는 상담, 예비검사, 본심사, 투융자 승인, 실행, 사후관리 등의 순으로 이뤄진다. 첨단기술을 보유한 창업자라면, 이제 은행의 문턱을 넘으려고 하기보다는 창투사의 문을 두드려 보자.

〈중소기업 창업투자회사〉

회 사 명	주　　소	전화번호
부산창업투자(주)	• 부산광역시 남구 문현동 815 한일 오피스텔 601호	(051)633-7001
	• 서울 마포구 도화동 51-1 성우 빌딩 1209호	(02)719-5065/6
서울창업투자(주)	• 서울 영등포구 여의도동 35-6 삼천리빌딩 6층	(02)782-5470
기은개발금융(주)	• 서울 강남구 역삼동 702-22 유성빌딩 8층	(02)554-3131
국민기술금융(주)	• 서울 종로구 적선동122-1 생산성빌딩	(02)736-0190
	• 부산시 동구 초량동 국민은행 초량지점 4층	(051)42-8248
우신개발금융(주)	• 서울 강남구 역삼동 668-39 한국고등교육재단빌딩 5층	(02)538-5906/9
한국기술투자(주)	• 서울 강남구 대치동 983-3 해암빌딩 15층	(02)785-3857/9
동원창업투자(주)	• 서울 영등포구 여의도동 34-7 한신등권빌딩 13층	(02)768-5959
한국산업투자(주)	• 서울 종로구 관훈동 197-28 백상빌딩 15층	(02)730-1661
대신개발금융(주)	• 서울 영등포구 여의도동 34-8 대신증권빌딩 2층	(02)769-3711/30
신영기술금융(주)	• 서울 영등포구 여의도동 34-8 신영증권빌딩 2층	(02)780-7000
한국창업투자(주)	• 서울 영등포구 여의도동 28-1 전경련회관 11층	(02)785-6416/7
동방창업투자금융(주)	• 대전광역시 유성구 봉명동 551-7	(042)822-4811
아신창업투자금융(주)	• 광주광역시 광산구 우산동 1067-4	(062)941-2181/7
	• 서울 영등포구 여의도동 15 기아빌딩 구관3층	(02)782-4927
대구창업투자(주)	• 대구광역시 달서구 감삼동 149-29 대구은행 죽전지점 5층	(053)551-7981

회 사 명	주　　소	전화번호
경남창업투자(주)	• 경남 마산시 합포구 창동 172 경남은행 창동지점 3층	(0551)45-8871/4
신보창업투자(주)	• 서울 영등포구 여의도동 27 증권감독원빌딩 15층	(02)783-4784
성신창업투자(주)	• 경남 창원시 외동 851-1 동남지역공업단지관리동단 2층	(0551)85-7261/4
경인창업투자(주)	• 인천광역시 남구 고잔동 674	(032)874-8011
	• 서울 서초구 잠원동 37-12 논현빌딩	(02)548-4532
한라창업투자(주)	• 강원도 원주시 단계동 865	(0371)46-7761/2
	• 서울 강남구 대치동 891-43	(02)559-1788/9
한림창업투자(주)	• 대전광역시 중구 선화동 151-21 선화현대빌딩 5층	(042)257-0988/9
	• 서울 강남구 논현동 237-11 삼정빌딩 5층	(02)511-6100/7
한미창업투자(주)	• 경기도 수원시 팔달구 인계동 950-12	(0331)38-1761
	• 서울 강남구 삼성동 168-26 제일빌딩 5층	(02)555-0781
동양창업투자(주)	• 서울 강남구 삼성동 157	(02)539-0595
동부창업투자(주)	• 강원도 춘천시 후평동 67-8 광산빌딩 503호	(0361)56-1100/1
	• 서울 영등포구 여의도동 36-5 동부화재빌딩 12층	(02)784-8250/4
대농창업투자(주)	• 충북 청주시 복대동 555	(0431)66-8611/2
	• 서울 마포구 마포동 33-1 대농마포빌딩 7층	(02)717-9400
보광창업투자(주)	• 대구광역시 수성구 범어동 212-1 대아빌딩	(053)751-0671/2
	• 서울 강남구 대치동 946-1 글라스타워 29층	(02)558-2092/3
새한창업투자(주)	• 강원도 춘천시 효자동 684-6	(0361)56-1371/2
	• 서울 강남구 역삼동 677-6 영남빌딩 5층	(02)780-2800

회 사 명	주　　소	전화번호
신도창업투자(주)	• 충남 아산시 남동 1	(0418)548-0074
	• 서울 강남구 대치동 1009-5 구상빌딩 3층	(02)538-9990/1
대한창업투자(주)	• 서울 서초구 서초동 1577-4 금성빌딩 4층	(02)587-6231
신풍창업투자(주)	• 강원도 원주시 인동 72-13	(0371)46-1412/3
	• 서울 강남구 역삼2동 733-22 동훈빌딩 3층	
일신창업투자(주)	• 광주광역시 북구 임동 100	(062)524-5101
	• 서울 영등포구 여의도동 15-5 일신빌딩	(02)786-9933
신진창업투자(주)	• 대구광역시 중구 삼덕동2가 210-1 진석타워즈 11층 1호	(053)429-6011/3
	• 서울 서초구 서초동 1463-10 신진빌딩	(02)597-8015/7
한주창업투자(주)	• 충남 온양시 온천동 230-11	(0418)41-3900/2
	• 서울 영등포구 여의도동 14-15 안원빌딩 3층	(02)783-7101/3
한솔창업투자(주)	• 대전광역시 중구 대흥동 209-1	(042)256-7020/1
	• 서울 강남구 논현동 199-2 한솔금고빌딩 7층	(02)554-2560
대방창업투자(주)	• 전북 익산시 창인동1가 181	(0653)857-2266/9
	• 서울 강남구 삼성동 무역센타1001호	(02)551-3836/8
장은창업투자(주)	• 서울 강남구 역삼동 648-19 장은 금융플라자 14층	(02)508-2677
동아창업투자(주)	• 충남 천안시 신부동 467-5 삼성생명빌딩 703호	(0417)568-5595/6
	• 서울 영등포구 여의도동12-1 삼도오피스텔 402호	(02)896-6011/3
국제창업투자(주)	• 전북 군산시 장미동 42	(0654)42-6283
	• 서울 영등포구 여의도동 35-3 교원공제회관 603호	(02)549-9193/5

회 사 명	주　　소	전화번호
한벽창업투자(주)	• 부산광역시 중구 중앙동 중앙로4가 81-11	(051)465-2132
	• 서울 서초구 서초동 1422-6 원림빌딩 10층	(02)521-7141/3
신원창업투자(주)	• 대전광역시 동구 가양2동 424-6	(042)621-1893/4
	• 서울 마포구 도화동 532	(02)716-7610
세진창업투자(주)	• 경남 진주시 강남동 226-1	(0591)758-6690/1
	• 서울 강남구 신사동 505 송파빌딩 1층	(02)514-2030
서암창업투자(주)	• 광주광역시 광산구 우산동 1589-1	(062)951-6111/2
	• 서울 영등포구 여의도동 34-4 현대증권 11층	(02)785-0387/8
삼영창업투자(주)	• 경남 마산시 회원구 양덕동 153-14	(0551)98-9778
	• 서울 중구 소공동 70 삼구빌딩 6층	(02)755-3804
제일창업투자(주)	• 대구광역시 중구 동산동 103-6 섬유회관 9층	(053)254-0691/2
	• 서울 중구 충무로2가 64-5 한일빌딩 8층 3호	(02)775-7302/3
현대창업투자(주)	• 충남 온양시 모종동 566-8 씨티빌딩 2층	(0418)44-6546/7
	• 서울 종로구 종로2가 48-1 시사영어사빌딩 3층	(02)268-6177
흥국창업투자(주)	• 부산광역시 부산진구 부암동 667-1	(051)816-3753
건영창업투자(주)	• 대구광역시 중구 수동22 태남빌딩 10층	(053)255-5660
	• 서울 영등포구 여의도동 13-4 동우국제빌딩 3층	(02)369-8484
광은창업투자(주)	• 광주광역시 동구 금남로4가 2	(062)226-6055/9
중앙창업투자(주)	• 충북 청주시 운천동 876	(0431)272-1651/5
	• 서울 강남구 신사동 587-23 성도빌딩 5층	(02)517-1651
충북창업투자(주)	• 충북 청주시 운천동 1124	(0431)273-3366
대우창업투자회사(주)	• 서울시 중구 남대문로5가 541	(02)757-1291
LG창업투자회사(주)	• 서울시 영등포구 여의도동 20 LG 트윈타워	(02)3777-3062

(13)

돈의 흐름을 알아야 허덕이지 않는다
— 자금관리 —

창업 초기에는 예상치 못한 곳에 돈이 많이 들어간다. 사무실 임대를 비롯하여 설비투자, 물품구입, 인테리어 등에 당초 계획보다 많은 비용이 소요된다. 따라서 창업자는 출발할 때부터 자금난에 쪼들리기 쉽다. 적어도 창업 후 1년 반 이내에 이를 극복하지 못하면 초기에 문을 닫는 비극을 맞을 수도 있다. 우리나라 창업자 중 절반 이상이 2년 안에 문을 닫고 만다는 사실을 기억하자.

본격적으로 사업이 시작되고서도 계속 자금난에 시달린다면 매우 위험한 일이다. 따라서 매달 몇 가지 자금흐름에 대해서는 체크를 해 보는 것이 좋다. 사업을 시작한 뒤, 자금부족을 겪는 원인은 크게 네 가지로 구분된다.

자금부족의 원인

첫째, *판매대금*의 회수부진이다. 제조업을 하든 도소매업을 하든 외상이 많이 깔리면 자금부족 현상을 겪게 된다. 이 경우 단번에 판매대금을 모두 회수할 수는 없겠지만, 일단 외상판매를 자제해야 한다. 또 외상 매출금의 회수기간을 단축시켜야 한다. 장기어음은 가능한 한 받지 않으려고 노력해야 한다. '외상의 회수비율은 사장의 부지런함과 비례한다'는 점을 인식하자.

둘째, *재고자산*의 증가다. 사장이라면 1주일에 한 번은 창고나 매장을 둘러보고 오랫동안 팔리지 않고 잠겨 있는 품목이 무엇인지를 체크해야 한다. 슈퍼마켓을 하는 사장이라면 잘 팔리지 않는 품목에 대해서는 추가구매를 줄이고 바겐세일을 하더라도 재고분을 빨리 처분하는 것이 상책이다.

일반적으로 재고자산이 총자산의 20%를 넘으면 자금부족 현상이 나타나기 시작한다. 재고를 줄이면 곧 이익이 발생한다는 점을 명심하자. 재고자산을 줄이는 기법으로는 보통 'ABC기법'을 많이 쓴다. 재고품목을 조사해 보면 3~4가지 품목이 금액면에서 전체 재고의 80% 이상을 차지한다는 사실을 발견하게 된다. 이런 품목을 A품목으로 정한 뒤 가장 먼저 처분하는 방법이다. 그래도 재고가 남아돌면 B품목과 C품목을 차례로 처분한다.

셋째, *회수조건과 지급조건* 간의 괴리이다. 물품을 구입해 올 때는 현금을 주면서 판매대금을 어음으로 받는다면 어김없이 자금난에 짓눌린다. 지급조건이 유리한 구매를 선택하도록 힘쓰자. 일례로 플랜트 시공업체가 자재를 1억원어치 선납을 받는다면 1억원의 자금 여유가 생긴다. 반면 1억원의 공사비로 6개월짜리 어음으로 받는다면 6개월간은 쪼들리기 마련이다.

넷째, 고정자산의 증가이다. 건물 및 구축물 기계장치에 대한 투자가 늘어나면 자금부족 현상이 발생한다. 따라서 창업 초기에 과잉 설비투자를 하는 것은 금물이다. 제조업체의 경우도 총자산에서 고정자산이 차지하는 비율이 절반을 넘으면 위험하다.

실제 장기대출금 4억원으로 설비투자를 했다고 치자. 이 설비의 상환기간 및 내용연수가 8년이라면 원금상환과 감가상각비는 각각 5,000만원이 된다. 따라서 연간 지급이자 4,000만원을 내기 위해서는 최소한 연간 4,000만원 이상의 이익을 내야 한다. 그렇지 않으면 자금난을 겪게 된다.

이런 자금부족의 원인이 제때 해소되지 못하면 도산하고 만다. 미리 체크하는 것이 바람직하다.

 ## 자금부족에서 탈출하는 체크 포인트

(1) 판매대금이 잘 회수되는가?

(2) 재고자산이 너무 많지 않은가?

(3) 과잉 설비투자가 아닌가?

(4) 금융기관의 신용을 얻고 있는가?

(5) 자기자본이 과소하지 않은가?

(6) 회수조건과 지급조건이 적정한가?

(7) 지속적인 자금관리를 하고 있는가?

(14)

BQ를 높여라
― 창업강좌 ―

창업에 필요한 갖가지 사항을 단시간에 습득할 수 있는 좋은 방법이 없을까? 가장 바람직한 방법은 바로 창업강좌를 활용하는 것이 아닐까 한다. 창업강좌는 개설기관에 따라 약간 명칭이 다르다. 창업스쿨, 창업예비학교, 창업교실 등으로 간판을 내건다.

지금까지 실시된 창업강좌들은 대부분 인기를 끌었다. 이들 중 가장 성황을 이뤘던 것은 '숭실대 중소기업대학원'과 〈신보창투〉가 서울 상도동 숭실대 별관에서 공동으로 개최한 창업예비학교였다. 지난 상반기에 실시한 이 강좌에는 120여 명의 예비 창업자들이 모여 각계 전문가들이 강의에 귀를 기울였다.

'호서대학교 중소기업연구소'도 창업스쿨을 매우 알차게 이끌기로 이름이 나 있다. 이 대학은 충남도의 지원을 받아 교재비를 제외하고 무료로 매년 강의를 해 왔다.

숭실대와 호서대의 창업강좌에는 이미 사업을 하고 있는 사장들까지 대거 참여하여 관계자들을 의아하게 만들기도 했다. 숭실대 창업강좌에 참여했던 한풍희 사장은 '창업 초기의 다양한 경영전략을 단번에 습득하는 데는 창업강좌를 수강하는 것이 가장 효율적이었다'고 밝힌다. BQ를 높이는 데 직효였다는 말이다.

올해 국내에서 창업강좌를 개설한 기관은 모두 20개이다. 이들 기관 중에는 창투사 및 중소기업 상담사가 대부분을 차지한다. 실시기관에 따라 교육시간도 다양하다. 생산성본부 부설 '한국기업상담'의 창업예비학교는 30시간 강의를 실시한다. 주요 과목은 사업 아이템 선정전략이다.

〈중소기업은행〉은 12시간으로 창업절차 및 자금조달 방법에 중점을 둔다. 〈국민은행〉의 창업교실은 소규모 창업 지원제도와 공장입지 해설에 치중한다.

'중소기업진흥공단'의 창업스쿨은 대학생들을 대상으로 하는 것이 특이하다. 매년 상반기 중에 안산의 중소기업연수원에서 2박 3일간 진행한다. 창업의욕 고취를 위한 주제강연 및 사례발표, 분임토의 등이 주요 내용이다. '요즘은 여대생의 창업스쿨 수강도 늘고 있는 추세'라고 중진공측은 밝힌다.

지방에서의 강좌도 늘어나고 있다. 중진공은 안산의 중소기업 연수원에서 직장인을 대상으로 한 주말 창업강좌도 연다. 또 〈한국중소기업컨설팅〉(대구), 〈세종창업상담〉(광주), 〈국제기업상담〉(순천), 〈경남산업컨설팅〉(창원), 〈해동컨설팅〉(광주) 등이 지방에서 강좌를 열었다.

창업강좌의 구체적인 내용은 기관별로 다르지만 거의 필수적으로 진행되는 순서가 있다. 회사설립의 절차와 창업지원제도에 대한 것이 그것이다. 또 사업 아이템 선정방법과 사업타당성 분석기법이 안내된다. 여기에다 공장의 입지 선정, 공장설립 절차, 창업

회계, 세무관리, 조직구성, 생산관리, 채권관리, 판매점 설치기법 등이 이어진다.

'신용보증기금' '중소기업진흥공단' '중소기업청' 등 중소기업 지원기관 소개도 빼놓지 않는 내용이다. 역시 창업강좌의 백미는 창업성공 사례발표라고 할 수 있다. 현재 성장을 거듭하고 있는 쟁쟁한 기업인을 강사로 초청해서 창업 당시의 험난했던 경험을 힘주어 얘기한다.

창업강좌의 특색은 대부분 외부강사를 쓴다는 점이다. 각 분야별 최고전문가를 초청, 강의를 실시한다. 따라서 강좌에서 들은 내용을 금방 실무에 적용할 수 있다. 대부분의 예비창업자들이 10여 일간 계속되는 창업강좌를 듣고 나면, 일단 창업에 대해 자신감을 갖는다. 어렴풋이나마 자신이 해야 할 아이템을 결정하게 된다.

당좌 없는 사업은 없다
― 당좌 개설, 어음 · 수표관리 ―

사업을 시작하면 곧장 어음이나 수표를 주고받게 된다. 거래대금으로 현금보다 어음이 더 많이 통용되기 때문이다. 또 창업자 스스로도 어음 또는 수표를 발행해야 할 처지에 놓이게 된다. 어음과 수표를 발행하기 위해서는 먼저 '당좌'를 터야 한다.

당좌는 어떻게 개설해야 하는가? 그 절차를 알아보자. 당좌는 일단 자기가 거래하는 은행에서 연다.

 ## 당좌개설의 조건 ··

첫째, *법인*이거나 사업자등록증을 가진 *개인*이어야 한다.

둘째, *개설보증금*을 들어야 한다. 개설보증금 액수는 지역에 따라 다르다. 서울과 광역시는 200만원이며, 일반 시(市) 지역은 150만원이다. 기타 지역은 60만원이다.

셋째, 당좌를 개설하려면 3개월 이상의 *거래실적*이 있어야 한다. 3개월 이상의 예금 거래실적이 있는 사람으로서 평균잔액이 개설보증금의 두 배 이상이면 개설이 가능하다. 물론 1개월 이상의 거래실적으로도 당좌를 개설할 수는 있다. 다만 이 경우에는 평균잔액이 보증금의 10배 이상이어야 한다. 따라서 서울, 부산, 인천, 광주 등 지역 창업자의 경우는 3개월 동안 400만원의 평균잔액을 유지했다면 당좌를 열 수 있다(〈국민은행〉 기준). 군(郡) 지역이라면 120만원의 평균잔액을 유지하면 당좌를 틀 수 있다.

당좌개설에 필요한 서류는 여섯 가지 정도 된다. 거래신청서 및 법인 등기등본 또는 사업자등록증, 평균잔액 산출표 등이 필요하다. 어음과 수표는 1권 단위로 교부받는다. 어음은 10장이 1권, 수표는 20장이 1권으로 돼 있다. 당좌가 개설되면 현금을 가지고 다니지 않아도 거래할 수 있는 이점이 생긴다.

그러나 당좌를 연 다음부터는 조심해야 할 일이 한두 가지가 아니다. 무엇보다 자금운용에 여유를 가져야 한다. 발행된 어음을 제때 결제하지 못하면 당좌거래 정지를 당하고 적색거래자로 등록된다.

어음과 수표는 함부로 다른 사람에게 맡기지 말아야 한다. 창업자로서는 발행 대리인을 두기보다 항상 자신이 직접 발행하는 것이 좋다. 평소 경리직원에게 발행을 맡겼다가 '큰코다친' 기업인이 수없이 많다. 따라서 회사가 일정 단계에 오를 때까지는 어음을 직접 발행토록 하고, 어음용지와 인감은 잘 간직하고 있는지

수시로 확인해야 한다.

수금업무 규정

제1조(목적)

이 규정은 당사의 매출채권에 대한 현금수금 및 어음수금에 관한 입금처리, 어음의 보관 등 수금관리에 관한 제반사항을 정함으로써, 효율적인 매출채권 관리와 자금운용 및 관리의 합리화를 기하는 데 그 목적이 있다.

제2조(적용범위)

회사의 매출채권에 대한 수금관리 업무에 대하여는 다른 규정에서 특별히 정한 것이 없는 한 이규정에 의한다.

제3조(수금의 입금처리)

회사제품 등의 판매대금을 수금하였을 경우에는 경리 담당부서에 즉시 인계해야 한다.

제4조(월말수금의 마감)

외상 매출대금 및 받을어음 수금의 마감은 매월 말일을 원칙으로 한다. 다만, 월말에 수금하여 당일에 수납시키지 못한 경우, 익월 1일까지 입금된 부분에 한하여 당월분 입금으로 볼 수 있다.

제5조(받을어음의 보관)

① 받을어음의 수납은 받을어음 담당자가 실물과 전산전표를 상호대조하여 자금 담당 관리자의 결재를 필한 후 보관한다.

② 500만원 미만의 소액어음에 대해서는 받을어음 마감 후 받
  을어음 관리대장에 등재한 후 거래은행에 위탁보관하고 은
  행의 어음수탁 확인을 받아야 한다.

제6조(받을어음의 확인)

① 받을어음 수납 담당자는 발행일자, 지급일자, 지급장소,
  발행금액, 발행자, 기명 날인, 배서 날인 등 법적 필요
  적, 임의적 기재사항을 검토, 확인하여야 한다.

② 받을어음 수납 담당자는 만기도래된 어음은 기일 1일 전에
  은행에 입금시켜야 하고, 특히 거래은행에 위탁보관한 것
  에 대하여 어음수탁 확인서에 의한 실물과 결재일자별 받
  을어음 명세표와 대조한 후 당좌입금표를 징취하여 입금
  여부를 확인해야 한다.

제7조(추심어음 의뢰)

  당좌어음 교환소 이외 지역의 어음 및 수표는 어음 만기일
7일 전에 거래은행에 추심입금시키고, 추심 결재여부 확인
후 즉시 입금처리해야 한다.

제8조(어음잔액 대조)

  받을어음 수납 담당자는 받을어음의 실물 잔액을 매월 말
장부잔액과 대조 확인해야 한다.

제9조(부도수표 및 어음의 처리)

  부도수표나 부도어음의 어음 담당자는 즉시 해당 부도수표
및 부도어음을 회수하여 입금 담당자에게 반송하고 해당 금
액의 입금을 취소해야 한다.

제10조(매출채권의 월령관리)

① 받을어음 수납 가능월령은 미수월령을 포함하여 대리점 매
출은 200일, 직판은 120일을 초과할 수 없다.

② 수납가능 월령초과 받을어음은 초과일수만큼 연 15%의
연체이자를 수령한 후 수납할 수 있다.

제11조(수금시의 입금표 사용)

① 외상으로 매출판매나 용역을 제공한 후에 그 대금을 영수
한 때에는 반드시 회사의 재경부에서 발행한 입금표를 사
용해야 한다.

② 입금표의 발행은 외상 매출대금을 실제로 영수하는 시점
에서 발행하되, 사용부서의 취급자가 기명 날인하고 2매
복사기입하여 원본을 거래처에 교부하고 부본은 비치 관리
한다.

③ 입금표의 사용은 연번호 순으로 사용하고 잘못 기재되거나
훼손되었을 경우에는 폐기시키지 않고 그 상태로 원부본을
보관한다.

④ 입금표의 양식은 각 사업부 본사 영업관리 담당부서에서
본사 자금 담당부서에 일괄 청구하고, 지방연락소 등은 사
업부 영업관리 담당부서로부터 수령해야 한다.

⑤ 사용한 입금표의 부본은 50매 단위로 각 사업부 영업관리
담당부서에서 집계하여 본사 자금 담당부서(공장은 회계
담당부서)에 반송한다.

⑥ 입금표를 분실했을 경우는 즉시 사유서를 작성, 사업부 영
업관리 담당부서를 경유하여 재경 담당 임원에게 보고해야
한다.

당좌거래를 시작하면 일정 한도 내에서 대출을 받을 수 있는 혜택을 얻는다. 이것이 당좌대출이다. 그러나 은행과 당좌대출을 할 때는 '신용보증기금'이나 '기술신보'의 보증을 요구하기도 한다. 사실 창업자로서는 어음발행에 앞서 어음거래에 더 신경을 써야 한다.

대금으로 어음을 받을 때 혹시 융통어음이 아닌지 분명히 확인해야 한다. 융통어음이란, 진성어음이 아닌 어음이다. 자금융통을 위해 일시적으로 발행한 어음을 말한다. 이 어음은 은행에서 할인을 받을 수 없다. 따라서 그냥 소지하고 있다가 연쇄부도를 당할 수도 있다.

그렇다면 융통어음을 가려내는 방법은 무엇인가?

먼저 어음 발행회사와 수취회사 간에 연관성이 없는 경우라면 의심을 해 봐야 한다. 어음발행인은 자동차 회사인데 수취인이 염색업종이라면 내용을 물어 본 뒤 어음을 받아야 한다. 어음발행인의 매출에 비해 어음의 금액이 너무 큰 것도 의심이 가는 어음이다. 또 어음 금액이 100만원 또는 1,000만원 단위로 끝자리가 딱 떨어지는 것도 마찬가지다.

이런 융통어음은 처음부터 받지 않는 것이 바람직하다. 창업 초기에는 당좌를 열더라도 수표보다 어음을 선호하는 것이 낫다. 자칫 실수로 부도상태에 이르더라도 수표부도는 형사처벌의 대상이 되기 때문이다.

어음·수표를 받을 때 주의사항

(1) 지급에 조건을 붙이는 기재는 없는가?

(2) 견질용이 아닌 이상 백지 부분은 보충해서 완전어음 수표를 받아라.

(3) 어음, 수표금액은 단일확정인가?

(4) 만기일(지급기일)은 적혀 있는가? 일요일이나 토요일은 피하는 것이 좋다.

(5) 지급자는 단일 최소행정구역(구, 시까지)으로 기재돼 있는가?

(6) 지급장소는 지급지 내에 있으며 00은행 00지점까지 정확히 기재돼 있는가?

- 지급장소는 거래처의 주거래은행으로 기재된 것이 안전하다.

- 문방구 어음일 경우, 지급장소는 번지까지 기재돼야 한다.

(7) 발행지는 최소 독립행정구역(00시)으로 기재돼 있다.

(8) 발행일은 적혀 있는가? 발행일이 만기일(지급기일)보다 늦으면 무효다.

(9) 발행인의 성명은 실명인가?

(10) 발행인의 날인은 인감도장으로 날인되었는가? (인감도장이 아니더라도 어음·수표는 유효하나 지급 제시하면 은행에서 인감 상이로 지급치 아니한다.)

(11) 발행인의 날인사항에 무인이 찍혀 있지는 않은가?

(12) 발행인의 날인사항에 회사인이 찍혀 있지 않은가?

(13) 유해적 기재사항이 기재돼 있지는 않는가?

(14) 배서의 연속은 돼 있는가? 배서는 반드시 수취인이 하
   여야 한다.

(15) 배서인의 성명, 주소가 기재돼 있는가?

(16) 배서가 실제 존재하는 회사나 사람인가?

(17) 배서금지 배서나 무담보 배서는 아닌가?

(18) 배서에 유의적 기재사항은 없는가?

(19) 정정사항에 발행인의 기명 날인이 되어 있는가? 어음
   표면에 기재사항을 정정할 수 있는 자는 오직 발행뿐인이
   다.

(20) 개금이 많이 돼 있지는 않은가?

(21) 당좌거래용 명판 및 인감 확인원은 받았는가?

(22) 어음·수표 제출각서는 받았는가?

(23) 보증인의 인감증명서는 징구했는가?

(24) 발행인의 기명 날인은 돼 있는가?

(25) 백지어음(수표) 보충권 위임장은 받았는가? (간인 필히
   확인)

(26) 부도어음·수표는 아닌가? (은행에서 간단한 조회방법
   이 있다)

(27) 위조된 어음·수표는 아닌가?

(28) 대리인이 어음·수표 발행시 본인의 수권은 있는가?

(29) 무능력자가 발행한 어음·수표는 아닌가?

(30) 분실·도난되거나 어음·수표는 아닌가?

(16)

기존 상품＋기능성＝히트상품

요즘 수많은 명예퇴직자들이 퇴직금으로 무엇을 시작해야 할지 몰라 속을 태운다. 적은 돈으로 시작할 만한 아이템이 없어서 그렇다. 이럴 때는 히트상품으로 승부를 거는 것이 바람직하다. 히트를 겨냥한 상품은 짧은 기간 안에 판가름이 난다. 때문에 망하기 전에 곧 다른 아이템으로 돌아설 수 있다.

히트상품은 대규모의 개발비를 들이기보다는 독특한 아이디어를 살려야 한다. 이런 히트상품을 개발하는 방법에 대해 알아보자.

히트상품 개발의 핵심은 기존상품을 잘 활용하는 것이다. 기존상품에다 유익한 기능성을 더 얹어 보라. 그러면 어김없이 잘 팔린다.

예를 들면, 〈유닉스전자〉의 '이온드라이기'는 기존 드라이어에 이온발생기를 장착한 것이다. 모발을 보호하는 이 드라이어는 한창 히트치고 있다. 〈이멕스〉의 '원적외선 오븐'도 원적외선 방출이라는 기능성을 부가하면서 빅 히트상품으로 떠올랐다.

어떤 방향으로 기능성을 추가하면 잘 팔릴까? 다음의 다섯 가지 방향으로 기능성을 부가해 보라. 실패하지 않을 것이다.

 기능성 부가방법

첫째, *건강과 노화방지* 분야이다. 기존의 식품에 기능성을 부가해 건강식품으로 만들어 보라. 식품 이외에 일반기기에도 기능성을 더하면 히트품목을 만들 수 있다.

요즘 나온 자동안마기에 원적외선 발생장치를 달아 보자. 옥돌 침대 등 원적외선 발생 침대도 등장하기 시작했다. 혈압계가 달린 시계는 어떨까. 고혈압, 콜레스테롤 증가, 암, 치매 등을 예방하는 식품이나 장치는 언제나 히트 잠재력을 갖고 있다. 지금까지 겨울에 난방기를 틀면 퀴퀴한 냄새가 났다. 그러나 〈트로피카〉는 난방기에 가습기와 공기청정기를 장착했다. 〈에센시아〉가 내놓은 칫솔 살균기나 〈현진가전〉이 개발한 '헬스콤'이 인기를 누리는 것도 이런 건강에 대한 열망 덕분이다.

둘째, *경제성*을 창출할 수 있는 것이어야 한다. 요즘 경제성 창출분야로는 전자기기나 소프트웨어 분야가 두각을 나타낸다. 기능을 보강한 전자수첩, 삐삐, 노트북, 휴대용 액정 텔레비전 등이 기존 제품과 비슷한 가격으로 출하된다.

기업에서 인력을 줄일 수 있는 소프트웨어들도 인기이다. 〈이스턴컨설팅〉이 내놓은 '이지파트너'는 경리사원이 없어도 사장이 그날의 회계분석을 척척 해낼 수 있는 소프트웨어다. 이는 회계분야로서 국내특허를 처음 얻은 상품이다. 출하하자마자 1주일만에 200여 기업에서 한꺼번에 수주를 하는 바람에 즐거운 비명을 지르고 있다.

셋째, *편리함과 즐거움*을 제공해야 한다. 〈창신공업사〉가 내놓은 '분리수거 휴지통'은 편하게 분리수거를 할 수 있게 한 제품이다. 〈진성기업〉이 자랑하는 '로보트팔 청소기'나 〈유진금속〉이 개발한 '끓어도 넘지 않는 냄비' 등도 한결같이 편리함을 더해 히트상품을 창출했다. 애완동물용 식품 등도 이제 히트상품 대열에 낄 때가 됐다.

애완견의 수요가 늘어나면서 애완동물 전문잡지도 팔릴 시기가 왔다. 골프, 해외여행, 평생교육, 환경운동, 컴퓨터 교육 등 생활의 여유를 부추기는 분야도 여전히 개발할 여지가 많다.

넷째, *미용*을 강조하는 상품도 단기간에 잘 팔린다. 키가 커지는 신발, 입기만 해도 날씬해지는 스타킹, 기미나 주근깨를 없애는 화장품, 군살을 빼는 약품 등은 끊임없이 쏟아져 나온다. 남성 전문 피부미용실도 생긴다. 요즘 가발장사가 다시 잘 되는 것도 이와 관련된 추세이다.

다섯째, *패션화*하는 방법이다. 〈신라레포츠〉의 '스트라이프 조깅복'이 히트를 친 것이 바로 이 방법이다. 단순하던 조깅복을 패션화한 것이다. 박스형에 세로줄 무늬를 넣어 산뜻한 감각을 살렸다. '커플룩'을 강조하는 것도 새로운 히트방법이다. 데이트를 즐기는 남녀는 이제 콤비를 이루는 제품을 선호한다.

또 핸드백이나 가방은 T셔츠, 구두, 선글라스, 액세서리 등과 코디를 이뤄야 사 간다. 코디를 응용한 디스플레이도 상품을 히트시키는 방법이 됐다. 가방업체인 〈쌈지〉가 선글라스를 히트시킨 것도 눈여겨볼 만하다.

사업도 인격이다
—기본기 있는 기업인 되는 법—

아주 유망해 보이던 기업인이 느닷없이 부도를 내는가 하면 보잘것없는 기업인인데도 끊임없이 성장을 거듭한다. 왜 그럴까. 무엇이 성공의 조건이고 어떤 것이 실패의 요인일까. 이를 제대로 분석하려면 다양한 조사방법을 동원해야 한다.

그러나 여기서는 그 동안 많은 기업인들이 성공을 하기 위해서 '이것만은 꼭 지켜야 한다'고 제시한 사항을 종합해 보기로 한다. 이는 대략 여섯 개 항목으로 집약된다.

 **창업자, 이것만은 지켜라** ···

첫째, *사업을 하려면 부지런해야 한다.* 일찍 일어나는 사람치고 부지런하지 않은 사람은 없다. 때문에 사업수칙 중 가장 중요한 것은 일찍 일어나는 것이다.

주변을 살펴보라. 사업을 잘 하는 사람치고 늦잠자는 사람은 없다. 늦잠을 자기 시작하면 사업도 덩달아 기울기 시작한다. 따라서 창업을 하기로 마음먹었다면, 회사의 설립절차를 밟기에 앞서 일찍 일어나는 습관부터 기르자.

둘째, *과욕을 부리지 말아야 한다.* 창업 초기에는 누구나 약간의 욕심을 낸다. 상품이 꽤 팔려 나가기 시작하면 '이제 나도 기업인이 됐구나'라는 자부심에 젖는다. 이때부터 성급하게 원대한 계획을 세운다. 아이템도 더 늘리고 싶어한다.

매주 전국 법원에 등기된 신설 주식회사의 등기부 등본을 보면 사업목적란이 나온다. 이 사업목적란은 신설 회사가 앞으로 취급할 아이템을 적는 항목이다. 대부분의 창업자들이 이곳에 1~3개 업종을 적는다.

그러나 어떤 창업자는 여기에 10가지 이상의 아이템을 적기도 한다. 전자부품, 조경 공사업, 컨설팅, 부동산 임대, 수출입업, 자동차 부품 등 수없이 적어 놓는다. 이런 회사에 전화를 걸어 앞으로의 포부를 물어 보면 일사천리로 대답한다. 3년 뒤에는 상장 회사가 되고 7년 뒤에는 그룹 대열에 낄 것이라고 장담한다. 그러나 1년 뒤 이 회사에 전화를 걸어 보면 이미 망한 지 오래이다. 사업목적란에 여러 가지를 적고 싶더라도 1년 안에 망하기 싫으면 아홉 가지만 적기 바란다. 창업 초기에 과욕을 부리는 것은 절대 금물이다.

셋째, *일을 맡길 줄 알아야 한다.* 일본의 〈마쓰시타그룹〉의 창업자인 마쓰시타에게 '당신이 이렇게 성공한 까닭이 어디에 있는가'라고 물었다. 그러자 그는 '남들보다 몸이 약하고 머리가 부족

한 덕분이었다'고 대답했다. 몸이 약해서 건강한 사람들에게 일을 시켰고, 배운 것이 없어서 머리 좋은 사람들에게 업무를 부탁한 덕분이었다는 것이다.

사업을 시작하면 처음에는 모든 것이 미덥지 않다. 특히 기술자 출신 사장들은 작은 부품까지 직접 챙겨야 직성이 풀린다. 그러나 사장의 몸은 하나뿐이다. 혼자서 열 사람의 일을 다해 낼 수는 없다. 한 번 믿고 시켜보라. 신뢰는 틀림없이 실적을 만들어 낸다.

넷째, *자주 점검을 해야 한다.* 일을 믿고 맡겼다고 해서 수시로 확인하지 않다가는 사고가 일어난다. 자신도 모르는 사이에 돈이 빠져나간다. 교통사고, 기계의 고장, 화재 등 안전사고가 일어나기도 한다. 매일 전표를 확인해야 한다. 장부의 숫자와 재고량이 맞는지 살펴봐야 한다. 그냥 믿고 몇 주일씩 지나치다가는 호미로 막을 것을 가래로도 막을 수 없게 된다.

다섯째, *긍정적이어야 한다.* 항상 '안 돼, 안 돼'를 연발하는 사장에게는 정말 안 되는 일뿐이다. 부하직원이 제시한 아이디어를 다시 한 번 살펴보라. 대출을 거절당했을 때는 다른 은행을 찾아가 보자. 우리 부품을 써 보라고 상대편 구매부장에게 한 번 더 전화를 해 보라. 끝까지 긍정적으로 승부해 보라. 뜻밖에도 그 속에서 길이 나타난다.

여섯째, *고정관념을 버려야 한다.* 고정관념은 기업의 생산성을 크게 떨어뜨린다.

"그 지방 출신들은 다 그래" "여자에게 이런 일을 맡기다니"
"인물이 그래서야 무슨 영업을 해!"

이런 얘기는 흔히 듣는 일이다. 우리는 학력, 성별, 인물, 키, 출신, 성격 등에 대해 심한 편견을 가졌다. 이 편견을 다 지키면서 사업을 잘 하기는 힘들다. 사업체의 생산성을 높이려면, 이런 고정관념은 빨리 깰수록 좋다.

이들 여섯가지 항목은 BQ를 높이는 데도 꼭 필요한 것들이다. 실천능력을 닦아 정해 놓은 목표를 향해 흔들리지 않고 믿음을 갖고 전진하는 것, 이것이야말로 BQ가 좋은 기업인의 덕목이 아니겠는가.

18

우물 밖으로 나가야 세상이 보인다
— 해외에서 아이템 개발하기 —

독일의 메세(산업박람회)를 찾아가 보면 몰려드는 엄청난 인파에 짓눌린다. 그러나 찾아온 사람 중 누구 하나 건성으로 지나치지 않는다. 모두들 꼼꼼히 챙겨 보고 만져 본다. 첨단 아이템을 만나면 몹시 긴장한다. 물어 보고, 의심이 나면 이튿날 다시 와서 살핀다. 공장까지 직접 가 본다.

이제 창업자들도 이들 대열에 끼여야 할 때가 왔다. 피자가게를 하나 차리더라도 해외의 추세를 모르면 돈벌기가 어렵게 됐기 때문이다. 옷가게를 열어도 올해 유행하는 색을 알아야 한다. 안경점도 국제적인 패션을 모르면 망하고 만다. 따라서 창업 아이템을 해외에 나가 물색하는 것은 타당한 일이다.

창업자가 메세에 참여하여 아이템 선정을 하려면 협동조합 등에서 모집하는 시장조사단을 따라가는 것이 상책이다. 같은 업종에서 사업하는 사람들과 사귈 수 있는 기회까지 얻을 수 있기 때문이다.

혼자서 아이템을 찾아 나서기에는 유럽보다 일본이 낫다. 도쿄에서 열리는 전시회는 짧은 기간 안에 시장성을 파악할 수 있다. 도쿄에서만 플라스틱전, 전자박람회, 주방용품전, 건자재 및 인테리어 박람회 등이 열린다. 일본으로 시장조사를 하러 갈 때는 비즈니스호텔을 이용하면 큰돈을 들이지 않고 조사할 수 있다. 〈한국관광〉, 〈왕자여행사〉 등에서 2박 3일짜리 비즈니스 패키지를 판매한다.

전문업종은 꼭 가 봐야 할 전시회가 따로 있다. 안경업종으로 창업을 하려면 도쿄 안경박람회나 파리 실모안경전시회를 가 봐야 한다. 피혁업종에서 창업하려면 당연히 볼로냐 피혁박람회를 본 뒤 밀라노에 가서 시장조사를 하는 것이 좋다.

이와는 달리 해외 전시회를 찾지 않고 독특한 아이템을 발굴하는 방법도 있다. 이는 중국, 인도, 러시아 등이 개발한 첨단기술을 들여오는 것이다. 요즘 〈중국과학원〉의 연구소들은 정부의 예산지원을 제대로 받지 못한다. 따라서 연구소의 운영비 확보를 위해 지금까지 개발해 놓은 첨단기술을 비교적 싼값에 판다. 이공계 출신 창업자라면 이를 한 번 조사해 보라. 올해 들어 여러 사람이 이 방법으로 사업을 시작했다.

현재 〈중국과학원〉의 ‘화학연구소’는 플라스틱 안정제를 비롯하여 고속 응고접착제, 황화규소 고무, 탄성 방수도료 등 20여 가지의 첨단기술을 한국사람에게 팔고 싶어한다. ‘유색금속총원’은 희토재료 및 규소 반도체 재료, 플라즈마 절단기용 전극 등 30여 가지의 기술을 내놨다. 이 밖에 〈대련화학물리연구소〉, 〈성도생물연구소〉 등 많은 기관에서 다양한 기술을 헐값에 팔 방침이다. 이들 기술을 입수하려면 ‘중진공’의 북경사무소 박종빈 소장에게 연락하면 된다. 러시아와 인도의 기업도 중국과 비슷한 사정 때문에 한국의 기업과 손잡고 싶어한다. 이들은 플라스틱 분야, 제과분야 및 광물분야 등에서 합작 또는 기술제휴를 바란다.

창업자로서 기술도입이 부담스러우면 선진국 기업의 대리점으로 출발하는 것도 좋은 방안이다. 전에는 대리점 요청이 대부분 미국, 일본, 독일 등 3개국 기업들로부터 들어왔다.

그러나 지금은 스위스, 이탈리아, 스웨덴 등의 기업이 주종을 이룬다. 이탈리아에서는 〈BIVI〉(쓰레기 처리시설), 〈비기세〉(진공펌프), 〈콜드카〉(냉동차), 〈산로코〉(공구교환장치) 등이 한국에 대리점을 차릴 사람을 찾고 있다. 스위스에서는 〈엘렉트로베리〉(시계유리) 〈레이저오토메이션〉(레이저 처리기술) 등이 한국 내 대리점을 물색 중이다. 자, 이제 눈을 해외로 돌려 보자.

저리(低利)의 매력
—시·도 창업자금 지원—

"내년 상반기쯤에 창업하고 싶다. 그러나 설비자금이 모자란
다. 은행돈을 쓰고 싶지만 금리를 감당하기 힘들 것 같다."

이런 고민에 빠진 사람들은 각 시·도가 지원하는 창업자금을
활용하는 것이 좋다. 이 자금은 금리가 싼 것이 장점이다. 연 7%
선이다. 은행대출보다 3% 이상 낮다. 따라서 짧은 기간 안에 이
익을 내서 돈을 갚을 수 있다. 다만 이들 자금은 은행처럼 일 년
내내 빌려 주지 않는 것이 흠이다. 각 시·도에 따라 다르지만 주
로 상반기 중 특정 기간에 지원신청을 받는다. 때문에 미리 자금
신청에 필요한 준비를 하는 것이 마땅하다. 창업 아이템을 선정하
고 사업계획서를 만들어야 한다.

시·도별 창업자금은 '지방 중소기업 육성자금'과 '지자체 재
정자금'으로 조성해서 지원하는 자금이어서 시·도별로 지원대상
이 크게 다르다. 대부분 지역 특화산업의 육성에 초점을 맞춘다.
그럼에도 신기술 제품을 비롯하여 환경보호업종, 기반기술 사업화
등을 중점적으로 지원한다.

다만 업체당 지원 한도와 대출기간은 비슷하다. 지원 한도는 대부분 업체당 7억원까지 가능한데, 시설자금 5억원에 운전자금 2억원까지다. 대출기간은 시설자금이 3년 거치 8년까지이다. 운전자금은 거치기간 1년에 3년까지 쓸 수 있다. 이 돈으로 시작하면, 일단 1년 뒤부터는 돈을 갚아 나가야 한다. 처음에는 운전자금만 갚는 것이어서 부담을 느끼지 않아도 된다.

그러나 1년 뒤부터 금융비용이 들어간다는 것을 미리 알고 자금계획을 짜야 한다. ‘1년 뒤의 일인데 일단 따 놓고 보자’는 식의 태도는 금물이다. 밑지는 장사로는 남의 돈을 계속 갚아 나가기 어렵다. 때문에 자금계획과는 별도로 이익계획도 마련해야 한다.

우리는 흔히 물건만 잘 팔리면 장사가 잘 되는 줄 알지만 결코 그렇지 않다. 아무리 손님이 들끓어도 계속 손실을 내면 쓰러지고 만다. 특히 외부 조달자금으로 사업을 할 때는 매출과 함께 손익분석에도 신경을 써야 한다.

물건이 잘 팔려 나가는데도 적자가 날 때는 비용을 제한하는 것이 가장 나은 방법이다. 무엇보다 변동비에 속하는 부분을 10% 이상 줄이도록 힘써야 한다. 줄일 수 있는 변동비란, 매입원가, 운반비, 차량 유지비, 소모품비, 시간외 근무수당, 외주 가공비, 연료 전력비 등 다양하다. 지자체 창업자금으로 시작해서 처음부터 허리띠를 졸라맨 채 출발하면 경쟁력을 갖추기는 그다지 어렵지 않을 것이다.

시·도별 창업자금 지원 특성을 살펴보자.

서울시는 중소기업 창업상담을 직접 맡아 주는 것이 특색이다. 강서구 등촌동에 ‘창업보육센터’도 운영한다.

저리(低利)의 매력

부산시는 업체당 지원한도가 9억원까지이다. 창업한 지 2년 이내 기업이면 가능하다.

인천은 신기술, 신제품, 신소재분야의 기업화에 중점을 둔다.

광주는 창투사 지원자금의 경우 연 6%로 지원한다.

경기는 신기술 및 창의력에 높은 점수를 준다.

<시 · 도별 창업자금 지원대상 및 조건>

시 · 도별	지 원 대 상	용도	금리	기간	한도	문 의 처
서울	• 신청일 현재 기업 설립 2년 이내인 중소기업	시설	7%	8년	7억원	서울시 경제진흥과 (02)750-8355
		운전		3년		
부산	• 신청일 현재 기업 설립 2년 이내인 중소기업	시설	7%	8년	7억원	부산시 공업과 (051)460-3237
		운전		3년	2억원	
대구	• 기업설립 2년 이내인 자와 신규 창업자	시설	7%	8년	7억원	대구시 중소기업과 (053)429-2732
		운전		3년		
인천	• 신기술 또는 신개발제품의 기업화를 하고자 하는 자 - 기업 설립 2년 이내인 자와 신규 창업자	시설	7%	8년	7억원	인천시 중소기업진흥과 (032)427-0082
		운전		3년		
대전	• 기업 설립 2년 이내인 자와 신규 창업자	시설	7%	8년	7억원	대전시 지역경제과 (042)250-3215
		운전		3년		
광주	• 기업 설립 2년 이내인 자와 신규 창업자	시설	7%	8년	7억원	광주시 지역경제과 (062)228-8358
		운전		3년		
경기	• 신기술 또는 신기술제품의 기업화를 추진하는 중소기업 - 기업 설립 2년 이내인 자와 신규 창업자	시설	6.75%	8년	7억원	경기도 중소기업과 (0331)42-5100
		운전		3년		

충남	• 기업 설립 2년 이내인 자와 신규 창업자	시설	7%	8년	5억원	충청남도 중소기업과 (042)220-3222
		운전		3년	2억원	
충북	• 기업 설립 2년 이내인 자와 신규 창업자 (단, 시설자금의 경우 소요자금의 50% 지원)	시설	7%	8년	7억원	충청북도 기업지원과 (0431)220-3237
		운전		3년		
전남	• 신청일 현재 기업을 설립한 날로부터 2년이 경과되지 아니한 자와 새로운 중소기업을 설립하려는 자	시설	7%	8년	7억원	전라남도 중소기업과 (062)222-0011
		운전		3년		
전북	• 기업 설립 2년 이내인 자와 신규 창업자	시설	7%	8년	10억원	전라북도 기업진흥과 (0652)80-3223
		운전		3년		
경남	• 신청일 현재 기업 설립 2년 이내인 자로서 본도가 정하는 품목을 기업화하는 기업	시설	7%	8년	5억원	경상남도 중소기업과 (0551)79-3235
		운전		3년	2억원	
경북	• 기업 설립 2년 이내인 자와 신규 창업자	시설	7%	8년	7억원 (운전 자금 1억원)	경상북도 지역경제과 (052)950-3215
		운전		3년		
강원	• 신청일 현재 기업 설립 2년 이내인 중소기업	시설	7%	8년	7억원	강원도 지역경제과 (0361)51-3318
		운전		3년		
제주	• 신청일 현재 기업 설립 2년 이내인 중소기업	시설	7%	8년	7억원	제주도 지역경제과 (064)40-1172
		운전		3년		

✽ 지원시기, 지원조건 및 방식 등은 각 시·도조례별로 약간씩 차이가 있으므로 시·도 해당부서에 확인 바람.

개업의 포인트 두 가지
─ 넘치는 아이디어, 신중한 위치 선정 ─

　찻집 '예다원'의 화장실에 들어서면 정말 의아해진다. 깨끗한 대리석 바닥에 화려한 조명 '어째 잘못 들어온 게 아닌가' 하는 느낌마저 든다. 더 놀라운 것은 오디오 시설이다. 화장실 안에도 오디오를 설치해 생생한 음악을 즐길 수 있게 해 놓았다. 레스토랑 '아테네'는 이보다 한 수 앞섰다. 화장실 안에 책과 잡지까지 가지런히 갖춰 놓았다. 이제 화장실도 손님을 끌기 위한 조건이 돼 간다.

　요즘은 삐삐나 핸드폰이 되지 않는 지하다방에는 손님들이 들어가기를 꺼린다. 반면 통신 사정이 좋은 찻집에는 사람들의 발길이 자연스레 잦아진다. 강남역 부근의 카페와 명동의 찻집에는 테이블마다 귀여운 전화기가 1대씩 놓여 있다. 이들 전화기는 당연히 삐삐응답까지 가능하다. 전화걸기를 즐기는 신세대를 겨냥한 것이다. 드디어 팩시밀리, 컴퓨터, 프린터, 복사기 등 통신 사무기기를 갖춘 찻집도 등장했다.

　점포경영도 이처럼 아이디어 시대를 맞았다. 팬티를 맞춰 주는 맞춤내의 전문점에 손님이 늘어나는가 하면 맞춤넥타이 점포도 인기를 끌기 시작했다. 컴퓨터, 레저, 여행, 외국어 교육 등의 분야에도 아이디어점이 속출하고 있다.

응용미술 분야만 해도 포스터 전문점, 컴퓨터 포토그래픽점, 동조각 전문점, 장식꽃점, 디자인 재료점, 브로슈어 전문점, 어린이 전용 사진관, 광섬유 공예점, 수제 액세서리점 등 아이디어 점포가 확산되는 추세다. 체인점인 〈스케치〉는 예술성을 곁들인 가정용품은 거의 취급한다. 예쁜 찻잔, 특이한 가구, 예술적인 조명기구, 머리핀, 고급 스웨터 등을 한 자리에서 판다.

점포경영에는 이런 독특한 아이디어가 매우 중요하다. 그러나 아이디어에만 몰두하다 보면 지켜야 할 기본을 잊어버리는 수가 많다. 디스플레이에 엄청난 돈을 들였다가 그냥 망하는 점포들을 흔히 본다. 아이디어에 집착한 나머지 점포경영의 포인트를 잊어버리면 그런 일이 곧잘 생긴다.

무엇보다 점포는 위치 선정이 중요하다. 종업원도 잘 구해야 한다. 인허가를 받기 전에 무조건 점포를 차렸다가 곤욕을 치르는 경우도 자주 일어난다. 요식업, 숙박업, 이용실, 미용실 등은 관할 구청의 위생과에서 허가를 받아야 한다. 전자오락실, 비디오 테이프 대여점, 당구장, 탁구장 등은 구청의 총무과에서 허가해 준다.

속셈학원, 미술학원, 웅변학원, 컴퓨터 학원, 피아노 학원, 영어회화 학원 등을 차리려면 관할 교육청에서 허가를 얻어야 한다. 이들 업종의 허가는 예상보다 까다롭다. 따라서 무턱대고 구청을 찾기보다는 경험 있는 사람에게 물어 본 뒤 어느 정도 준비를 하고 찾아가는 것이 낫다. 학원을 차릴 때는 기준면적 33평 이상을 확보해야 하며, 강사는 정교사 자격이 있어야 한다. 또 유흥업소가 많은 지역에는 허가가 나지 않는다.

가게를 계약할 때도 주의해야 할 것이 몇 가지 있다.

가게 계약시 주의점

첫째, 등기소에 가서 '*건물 등기부등본*'을 떼 봐야 한다. 등기부등본에 나오는 건물주와 임대계약을 맺어야 하기 때문이다. 이 때 담보가 지나치게 많이 잡혀 있는 건물은 피하는 것이 좋다.

권리금과 인테리어 비용이 많이 들어가는 업종이면 관할 구청이나 시청에 가서 토지건물대장을 발급 받아 보자. 그래야만 혹시 가건물이 아닌지, 땅이 도로에 포함된 것이 아닌지 등을 알 수 있다. 건물이 도심 재개발이나 도로확장에 포함돼 있지나 않은지 알아보는 것이 마땅하다.

둘째, 사업에 경험이 적은 사람은 *기존 점포를 인수*하는 것이 안전하다. 상품과 거래처, 단골고객 등을 한꺼번에 인수할 수 있어서 그렇다. 기존 점포를 인수할 때는 주인이 너무 자주 바뀐 곳은 좋지 않다.

셋째, 체인점인 경우에는 *본사의 경영 상태와 계약조건*을 알아봐야 한다. 그 지역에 대형 쇼핑센터나 경쟁업소가 생기면 심한 타격을 입는다는 사실을 염두에 두자. 권리금을 주고 인수할 때는 그 내용을 건물주에게 꼭 알리고 계약서의 단서조항으로 집어넣는 것이 바람직하다.

　빨리 계약하자고 독촉하는 집은 위험하다. 함정이 있을 수 있다. 부동산 중개업자는 가능한 한 '말썽거리'를 덮어 두려고 한다. 복덕방보다 등기부를 믿도록 하자.

고질병에 걸린 기업을 살리는 길
— 외상(명세서)의 체계적인 관리 —

우리나라 기업들은 대부분 영아기에 사망한다. 주식회사조차도 평균수명이 5년 미만이다. 기업이 사망하는 원인은 다양하다. 크게 보면 두 가지로 나뉘는데, 교통사고로 죽거나 질병에 걸려 쓰러지는 것이다. 교통사고란, 멀쩡하던 기업이 수재(水災) 등 외부요인으로 망하는 케이스이다. 반면 질병은 내부사정이나 병균감염으로 발생한다.

질병을 이겨내려면 건강검진이 필요하다. 혈압, 중성지방, GPT, 콜레스테롤, X선 검사 등으로 인체 건강을 체크하듯이 기업의 건강도 진단할 수 있다. 회계장부를 뒤져 검색해 보면 질병의 정도가 여지없이 드러난다.

보통 기업 질병의 원인으로 다섯 가지를 꼽는다. (1)재고 과다 (2)고정자산 과다 (3)순이익 부족 (4)매출채권 과다 (5)자기 자본의 부족 등이 그것이다. 이들은 매출채권 회전율, 재고자산 회전율 등으로 체크할 수 있다. 재고가 늘거나 외상이 많아지는 것은 서서히 동맥경화 현상이 나타나는 증거다. 인체와 달리 기업에는 동맥경화현상이 빨리 온다. 태어난 지 1년만 지나도 동맥경화로 심장마비를 일으킨다. 기업 스스로 동맥경화를 자초하는 것은 역시 외상거래이다. 자금이 밖으로 나가 뭉친 채 심장으로 회수되지 않으면 살아남을 길이 없다.

창업 초기에 제품이 잘 팔려 나가지 않으면 누구나 외상으로라도 팔고 보자는 유혹에 사로잡힌다. 그러나 지나친 외상매출은 너무 위험하다. 재고는 기업이 망하더라도 처분할 수 있지만 외상으로 받은 어음은 '휴지조각'이 되기 쉽다.

우리나라는 거래대금 중 약 65%를 외상 및 어음으로 거래한다. 창업을 하고 나면 어쩔 수 없이 외상어음을 받아야만 한다. 그러나 어떤 곳에 외상을 줘야 할지, 외상의 규모가 너무 많지 않은지 등을 항상 체크하지 않으면 어느 새 큰 질병에 걸리고 만다. 외부 감염 질병 중 가장 무서운 것이 연쇄부도이다. 이것은 AIDS만큼 치명적이어서 감염되면 헤어날 길이 없다.

그렇다면 이를 사전에 체크하는 방안은 없을까? 질병의 예방을 위해서는 먼저 매출처별로 외상 명세서를 만들어야 한다. 또 외상의 연령을 체크해야 한다. 믿지 못할 어음은 절대 받지 말자. 이미 떼인 것으로 확인된 외상은 즉시 대손으로 처리해야 한다. 막연히 '앞으로 받을지도 모른다'며 자산으로 처리하는 것은 상처가 썩어 들어가는데도 도려 내지 않는 것과 같다.

외상을 가져간 사람들은 누구나 건망증이 심하다. 따라서 외상 거래처에는 정기적으로 금액과 갚을 시기를 확인해 주는 것이 좋다. 창업 초기부터 건강하게 성장하려면 외상을 많이 깔지 않는 것이 상책이다.

(22)

적은 돈으로 안전하게
— 프랜차이즈 —

위험도가 가장 낮은 창업으로 보통 프랜차이즈 창업을 꼽는다. 프랜차이즈란 쉬운 말로 체인점 시스템을 말한다. 프랜차이즈는 일반 대리점과 달리 본점과 가맹점의 오너가 다르다. 독립업체이면서도 같은 상표, 상품, 상호를 쓴다.

이 프랜차이즈 방식은 1898년 미국의 〈GM〉이 독립적인 자동차 판매점을 설치하면서 시작됐다. 국내에선 지난 79년에 출발한 〈롯데리아〉와 〈난다랑〉이 최초인 것으로 본다. 현재 국내 프랜차이즈 점은 약 200여 종에 이른다. 이들 체인점은 크게 세 가지 업종으로 나뉜다. 첫째 외식업, 둘째 소매업, 셋째 서비스업이다.

외식업종은 아이스크림, 패스트푸드, 커피 전문점, 치킨, 피자, 닭갈비, 국수, 맥주, 제과, 도너츠 등 30여 가지다. 프랜차이즈의 장점은 역시 초심자도 창업을 할 수 있다는 점. 점포 선정에서부터 설비, 기자재, 인테리어 등을 모두 본사에서 맡아 주기 때문이다.

이런 체인점을 차리는 데는 과연 어느 정도 돈이 들까. 실제 요즘 신도시 등에서 한참 확산되는 추세인 아이스크림 점포인 〈배스킨라빈스31〉을 보자. 이 상표의 표준 점포면적은 10~12평이고 보증금은 800만원이다. 로열티는 무료이다. 인테리어 비용은 평당 160~170만원 선이며 여기에 시설비가 약 1,700만원 정도 든다. 첫 상품 도입비용으로 400만원이 필요하다. 따라서 체인점을 차리는 총 비용은 5,500~5,800만원이면 된다. 이는 점포 임대비용을 제외한 것이다.

프랜차이즈에 따라 총 비용은 각양각색이다. 〈장터국수〉는 3,920만원이 표준인데 비해 〈다림방〉은 1,850만원이다. 〈롯데리아〉는 1억 8,000만원, 〈아메리카나〉는 1,200만원이 기본이다. 〈하이트광장〉은 30평에 4,850만원이 든다. 소매업종 체인점은 주로 아동복, 유아복, 팬시점, 편의점 등에서 출발했다. 그러나 요즘은 액세서리, 홈패션, 다이어트 등의 분야로 펼쳐진다. 가구, 게임기, 향수, 주류점, 토산품 등의 체인점도 생겼다.

소매점 체인은 외식업종보다는 비교적 비용이 적게 들어간다. 시설비용이 별도로 소요되지 않아서 그렇다. 반면 첫 상품 도입비는 조금 더 있어야 한다. 개그맨 주병진 씨가 설립한 주식회사 〈좋은사람들〉의 체인점인 '보디가드'의 체인점을 내는 데는 2,000~3,000만원 정도면 가능하다. 보증금 1,000만원에 인테리어 비용 평당 130~145만원 선. 마진율은 40% 정도이며, 첫 상품 도입비용은 2,000~2,500만원으로 잡으면 된다.

소매업 개점 기준비용을 보면 〈아트박스〉가 15평을 기준으로 4,500만원, 〈써클K〉 3,500만원, 〈세븐일레븐〉 7,000만원, 〈로손〉 1억 5,000만원, 〈패밀리마트〉 2,325만원, 〈가자 주류백화점〉 4, 500만원 등이다.

최근 들어 아이디어를 살린 서비스분야 체인점도 속출하고 있다. 대형사진 출력점인 〈아트피아〉를 비롯해서 부동산 중개점인 〈부동산랜드〉, 〈코리아랜드〉, 세탁편의점 〈월풀빨래방〉, 〈유니더스빨래방〉 등이 등장했다. 또 CD롬 타이틀 대여점인 〈멀티피아〉 및 어린이 컴퓨터점인 〈컴키드〉, 즉석사진 인쇄점 〈포토아트피아〉 등도 새 분야다. 알파인 실내 스키장, 자동세차기, 제트 라인 등도 시작해 볼만한 아이템이다. 이처럼 프랜차이즈는 선택할 수 있는 분야가 다양해졌다.

그러나 같은 체인점도 잘 되는 곳이 있고 상대적으로 안되는 곳이 있다. 따라서 체인점을 잘 경영하려면 두 가지만큼은 명심하는 것이 좋다.

첫째, 장소를 잘 선정해야 한다.

둘째, 종업원이 친절해야 한다. 종업원에게 친절교육을 거듭거듭 실시하자.

허가증은 프리미엄이다
— 도소매 인허가업종 20가지 —

인허가업종은 허가를 받는 절차가 꽤 까다롭다. 그러나 일단 허가를 받고 나면 허가증 자체가 하나의 프리미엄이 된다. 자격증 역할을 한다. 따라서 서류작성 및 행정절차에 익숙한 사람이라면 허가업종에서 승부를 거는 것이 좋다.

공무원, 교육계, 공공기관, 군, 금융기관, 언론기관, 일반 관리직 등에 종사하다가 창업을 꿈꾸는 사람이라면 주변에 어떤 허가업종이 있는지 한 번 눈을 돌려 보자. 특히 도소매업 분야의 인허가업종은 제조업에 비해 큰돈을 들이지 않고서도 창업할 수 있는 것이 장점이다.

도소매업분야에서 인허가를 얻어야 할 수 있는 업종은 모두 20가지이다. 이의 인허가 방식은 (1)허가 (2)신고 (3)등록 (4)면허 (5)지정 등 다섯 가지로 나뉜다.

먼저 허가업종부터 살펴보자. 도소매업에서 허가업종은 주유소업(석유판매업), 중고자동차 매매업, 의약품 도매업, 문화재 매매업, 군용장구 판매업 등 다섯 가지이다.

〈도소매업 허가업종〉

사 업 명	근 거 법 령	처 리 기 관
군복및 군용장구 판매업	군복및군용장구의단속에관한법 제4조	국방부
문화재 매매업	문화재보호법 제61호	시·군·구
석유 판매업(주유소)	석유사업법 제12조	시·도
의약품 도매업	약사법 제35조	시·군·구
중고자동차 매매업	자동차관리법 제49조	시·군·구

　주유소업은 각 시·도에서 허가를 받는다. 한때 '주유소 허가를 받으려면 대통령 빽이 있어야 한다'는 말까지 나돌았으나 요즘은 크게 완화됐다.

　서울시의 경우 허가기준은 40㎘ 이상을 저장할 수 있는 지하 저장시설을 마련해야 하고 주유기를 4대 이상 갖춰야 한다. 서울시

〈주유소 허가기준〉

지역 구분	서울특별시	서울특별시 외의 지역
가. 시설기준 　① 저장시설 　　(지하저장) 　② 주유기 　③ 공중화장실	• 40㎘ 이상을 저장할 수 있는 것일 것 • 4대 이상일 것 • 1개소	• 20㎘ 이상을 저장할 수 있는 것일 것 • 2대 이상일 것 • 1개소
나. 취급 유종	휘발유·등유·경유	
다. 거리기준	서울특별시 및 광역시의 지역에서는 주유소 간의 거리기준을 정하지 아니한다. 다만, 도지역의 경우 도지사는 관할지역의 특수성 및 석유수급 안정을 위하여 주유소 간의 거리기준을 정하는 것이 필요하다고 인정하는 때에는 관할 시(도농 복합 형태의 시에 있어서는 동 지역에 한한다). 읍지역에 있어서는 500m, 관할 기타지역에 있어서는 1,000m를 초과하지 아니하는 범위 내에서 그 거리기준을 정할 수 있다.	

이외의 시·도는 20㎘ 이상에 주유기 2대 이상이면 가능하다.

서울시와 광역시 지역은 주유소 간의 거리 기준이 없어졌다. 다만 시·읍 지역에서는 500m, 기타 도 지역에서는 1,000m 이내에서 관할 관청이 거리를 정할 수 있다. 주유소는 화장실 설치가 필수다. 구비서류는 허가신청서, 저장시설 명세서, 주유기 명세서, 석유판매업자와의 석유공급계약서, 화장실 명세서 등이다. 업무는 서울시는 연료과, 지방은 시·도 상정과에서 맡는다.

중고차 매매업은 시·군구 교통행정과를 통해 허가를 받는다. 허가기준은 100평 이상의 주차용지와 10평 이상의 사무실이 있어야 한다. 또 500만원의 하자보증금이 필요하다. 보증보험증서나 신용보증기금 보증서를 제출하면 된다.

〈중고차매매업 허가기준〉

구 분	명 칭	규 모	비 고
시 설	자동차주차용지 면적	330m² 이상	
	사무실면적	33m² 이상	
하자보증금		500만원	하자보증금 예치증서·보증보험증서 또는 신용보증기금 보증서에 의한다.

비고 : 1. 사업장은 2인 이상의 자동차매매업자가 공동으로 사용할 수 있으며, 이 경우에는 매매업자 각 1인에게 적용하는 시설기준의 30% 범위 안에서 그 기준을 완화하여 적용할 수 있다.
　　　 2. 하자보증금 또는 보증보험은 금융기관과 보증보험기관에 예치 또는 가입하여야 한다.

문화재 매매허가란, 고문서나 서화, 탁본류, 조각, 도자기, 민속자료 등을 거래할 수 있는 허가를 말한다. 자격요건은 관공서,

박물관, 미술관 등에서 2년 이상 근무한 사람이면 된다. 역사학, 고고학, 인류학, 미술사 등을 대학에서 1년 이상 전공한 사람도 해당된다. 이는 시·군구 문화공보실에서 담당한다.

허가업종보다 덜 까다로운 것이 신고업종이다. 신고 도소매업종은 건강보조식품 판매, 건설기계 매매, 무역대리점, 양곡판매, 종묘판매 등 다섯 가지이다.

건강보조식품은 시·군구 위생과에서 받는다. 건설기계 매매는 중고자동차 매매와 같은 면적의 주차장과 사무실을 확보해야 하며, 하자보증금은 3,000만원이다. 건설기계 매매업소에서 거래할 수 있는 장비는 불도저에서 아스팔트 살포기까지 30여 종에 이른다. 이들 품목은 거래금액이 높다. 따라서 상당히 큰돈이 있어야 시작할 수 있다.

이에 비해 무역대리업은 외국기업과 에이전트 계약만 맺으면 거의 맨손으로도 가능하다. 무역대리업 중 갑류는 '무역대리점협회'에 신고한다. 을류는 '한국수출구매협회'에 신고해야 한다. 다만 신고할 때 갑류는 40만원, 을류는 70만원의 회비 및 수수료를

〈판매업 인허가업종〉

*** 신고업종 ***

사 업 명	근 거 법 령	처 리 기 관
건강보조식품 판매업	식품위생법 제22조	시·군·구
건설기계 매매업	건설기계관리법 제21조	시·도
무역대리업	대외무역법 제14조	한국무역대리점협회, 한국수출구매업협회
양곡 매매업	양곡관리법 제18조	시·군·구
종묘 판매업	종묘관리법 제3조	시·군·구

내야 한다. 수출입 정보를 잘 아는 사람이라면 한 번 해 볼 만하다. 그러나 근래에 수입업은 경쟁이 심해 돈이 많이 남지 않는 것이 흠이긴 하다.

요즘 유행하기 시작한 다단계판매업은 자본금이 3억원 이상이어야 등록할 수 있다. 판매원의 실적 및 수당지급 등을 처리할 수 있는 전산기기도 설치해야 한다.

음반판매 및 비디오 대여업은 시·군구 문화체육과에서 등록을 받는다. 이는 상가지역에 점포를 내면 가능하다. 외국간행물 수입업도 등록업종이다.

*** 등록업종 ***

사 업 명	근 거 법 령	처 리 기 관
농약 수입업	농약관리법 제7조	시·도
농약 판매업	농약관리법 제10조	시·군·구
다단계 판매업	방문판매 등에 관한 법 제28조	시·도
무역업	대외무역법 제7조	한국무역협회
비료 판매업	비료관리법 제13조	시·군·구
음반 판매업	음반 및 비디오물에 관한 법 제6조	시·군·구
외국간행물 수입업	외국간행물 수입배포에 관한 법 제3조	문화체육부
제조담배 판매업	담배사업법 제13조	재정경제원, 시·도

그 밖에 판매분야에는 종묘(신고), 양곡(신고), 비료(등록), 농약(등록), 주류(면허), 담배(등록) 등 독특한 인허가업종이 많다.

인허가업종은 '그저 권력층과 줄이 닿아야만 하는 것'으로 판단하고 아예 포기하는 경우가 대부분이다. 그러나 포기하기 전에

*** 면허업종 ***

사 업 명	근 거 법 령	처 리 기 관
주류 판매업	주세법 제8조	세무서

*** 지정업종 ***

사 업 명	근 거 법 령	처 리 기 관
제조담배 소매인	담배사업법 제16조	시·군·구

담당 관청의 창구를 찾아가 상담부터 해 보라. 법적 요건을 갖추었음에도 허가를 미룰 때는 가서 따져 보라. 그래도 안 되면 이번에는 설득을 해 보자. 틀림없이 예상 외의 소득을 얻게 될 것이다. 허가증은 곧 '돈'이 될 수 있다는 점을 잊지 말자.

(24)

규제지역의 공장부지는 노다지!

제조업을 하려면 공장이 있어야 한다. 공장을 차리려면 먼저 땅을 구하는 것이 급선무이다. 사실 우리나라에서 공장을 마음놓고 지을 수 있는 곳은 정부의 계획입지밖에 없다.

계획입지는 국가산업단지, 지방산업단지, 농공단지 등 세 곳이다. 이 세 곳 외에는 아무 곳에나 공장을 차릴 수는 없다. 갖가지 제한을 한다. 그렇다고 규제지역에 공장을 차릴 수 없는 것만은 아니다. 제한이 있기는 하지만 조건만 충족시키면 당연히 공장을 차릴 수 있다.

공장 규제지역은 (1)과밀억제 (2)자연보전 (3)농업진흥 (4)도시계획 등 구역으로 다양하다. 창업 가이드 독자들을 위해 감히 귀뜸을 한다면, 창업자가 공장을 차릴 때는 꼭 산업단지를 선택할 필요는 없다고 말하고 싶다. 과밀억제, 도시계획, 규제지역 등에 공장을 차리면 묘한 이득이 돌아오기 때문이다. 쉽게 말해 이들 지역에 공장을 차리면 나중에 땅값이 엄청나게 오른다는 얘기다.

보통 규제지역에서 공장을 10년 이상 운영하다가 옮기면, 땅값이 오른 것이 공장을 운영해서 번 돈보다 많은 경우가 대부분이다. 이렇게 오른 땅값으로 산업단지에 대규모 공장을 지은 기업을 사례로 들라면 열 손가락을 서너 번은 접었다 펼 수 있다. 요즘 부동산을 과다하게 보유하고 있다가 부도에 휘말리는 기업들을 보고 '땅, 땅 하던 시대는 땡했다'라고 한다. 그러나 이것은 거의 대기업들의 얘기다. 아직도 임대공장으로 시작할 생각이 없는 '여유 있는' 창업자라면, 제한지역에 땅을 가지는 것이 10년 뒤에 떵떵거릴 수 있는 계기가 된다.

이일단 공장을 차리기가 가장 어려운 지역인 수도권 자연보전지역부터 살펴보자. 이곳은 한강수계의 수질 및 녹지의 보전을 위해 공장의 신증설을 제한하는 지역이다.

가평군, 양평군, 여주군, 이천시, 광주군, 남양주시(화도읍 수동면 조안면만 해당된다), 용인시(제외지역 있음), 안성군(제외지역 있음) 등을 말한다. 이런 지역도 공해를 발생시키지 않는 업종은 공장을 지을 수 있다. 다만 공장 건축면적이 1,000m² 이하여야 하며 첨단업종 공장, 건축자재업종 공장, 폐수를 배출하지 않는 도시형업종 공장이면 가능하다.

상식적으로 공장을 세우기 힘들 것 같은 도시계획 구역 안에도 공장을 차릴 수 있다. 일반 주거지역을 비롯하여 준주거지역, 중심 상업지역, 일반 상업지역, 근린 상업지역, 유통상업지역, 보전녹지지역, 생산녹지지역, 자연녹지지역 등 모든 지역에 공장을 가질 수 있다.

일반 주거지역은 인쇄, 봉제, 필름현상, 자동 자료처리 장비제조, 반도체 관련장치 제조, 컴퓨터 프로그램 매체 제조, 두부제조업종은 가능하다. 그 밖에 다른 도시계획 구역도 바닥면적 200m² 이하로서 도시형업종이면 언제든지 공장을 설립할 수 있다. 다만 공해배출 기준의 2배 이하여야 한다. 이에 비해 준공업지역은 바닥면적이 5,000m² 이하이면 가능하다. 농업진흥구역도 농수산물 가공을 위한 것이면 3,000m² 이하에서 공장을 세울 수 있다.

이제 규제지역이라고 해서 무조건 공장설립을 포기할 것이 아니라 제한조건이 무엇인지를 일단 알아본 뒤 결정하자. 제한조건이 있는 곳일수록 괜찮은 가치가 있다는 점을 염두에 두자. 투기목적이 아니라면 땅을 사는 것이 무조건 나쁜 것만은 아니다.

도시지역에서 허용 또는 제한되는 공장의 업종, 규모 및 범위

〈도시계획구역〉

◎ 전용주거지역 : 공장설립 불가

◎ 일반주거지역

－건축조례가 정하는 바에 의하여 설립이 가능한 공장

　• 제조업, 수리업 등의 공장으로 동일한 건축물 안에 당해 용도에 쓰이는 바닥면적의 합계가 20m² 미만인 공장(다만, 대기환경보전법, 수질환경보전법, 또는 소음진동규제법에 의한 배출시설의 설치허가를 요하지 아니하는 것에 한한다).

　• 공장(인쇄, 봉제, 필름현상, 자동 자료처리장비 제조업, 반도체 및 관련장치 제조업, 컴퓨터 프로그램 매체

제조업, 두부제조업의 공장으로서 배출시설 기준의 2배 이하인 것에 한한다).

- 아파트형 공장

◎ 준주거지역

- 설립이 가능한 공장

  - 제조업, 수리업 등의 공장으로 동일한 건축물 안에 당해 용도에 쓰이는 바닥면적의 합계가 20m² 미만인 공장(다만, 대기환경보전법, 수질환경보전법, 또는 소음진동규제법에 의한 배출시설의 설치허가를 요하지 아니하는 것에 한한다).

- 건축조례가 정하는 바에 의하여 설립이 가능한 공장

  - 공장(도시형 공장과 필름현상소로서 배출시설 기준의 2배 이하인 공장에 한한다).
  - 아파트형 공장

◎ 중심상업지역

- 설립이 가능한 공장 : 준주거지역과 동일함

- 건축조례가 정하는 바에 의하여 설립이 가능한 공장

  - 공장(인쇄공장으로 배출시설 기준의 2배 이하인 공장에 한한다).

◎ 일반상업지역

- 설립이 가능한 공장 : 준주거지역과 동일함

- 건축조례가 정하는 바에 의하여 설립이 가능한 공장

  - 공장(인쇄공장으로 배출시설 기준의 3배 이하인 공장에 한한다).

◎ 근린상업지역

-설립이 가능한 공장 : 준주거지역과 동일함

-건축조례가 정하는 바에 의하여 설립이 가능한 공장

　• 공장(인쇄공장으로 배출시설 기준의 3배 이하인 공장에
　　한한다).

　• 아파트형 공장

◎ 유통상업지역, 보전녹지지역

-건축조례가 정하는 바에 의하여 설립이 가능한 공장

　• 제조업, 수리업 등의 공장으로 동일한 건축물 안에 당해
　　용도에 쓰이는 바닥면적의 합계가 20m² 미만인 공장(다
　　만, 대기환경보전법, 수질환경보전법, 또는 소음진동규
　　제법에 의한 배출시설의 설치허가를 요하지 아니하는 것
　　에 한한다).

◎ 전용·일반공업지역 : 원칙적으로 모든 업종의 공장이 설립
　가능함

◎ 준공업지역

-설립이 가능한 공장 : 당해 용도에 쓰이는 바닥면적의 합계가
　5,000m² 이하인 것에 한한다.

-건축조례가 정하는 방에 의하여 설립이 가능한 공장 : 당해
　용도에 쓰이는 바닥면적의 합계가 5,000m²를 넘는 것에 한한
　다.

◎ 생산녹지지역

-건축조례가 정하는 방에 의하여 설립이 가능한 공장

　• 제조업, 수리업 등의 공장으로 동일한 건축물 안에 당해

용도에 쓰이는 바닥면적의 합계가 20m² 미만인 공장(다
만, 대기환경보전법, 수질환경보전법, 또는 소음진동규
제법에 의한 배출시설의 설치허가를 요하지 아니하는 것
에 한한다).
- 공장(도정공장, 식품공장, 제1차산업 생산품의 가공공장
및 읍·면지역에서 건축하는 첨단산업 공장에 한한다).

◎ 자연녹지지역

- 건축조례가 정하는 방에 의하여 설립이 가능한 공장
- 제조업, 수리업 등의 공장으로 동일한 건축물 안에 당해
용도에 쓰이는 바닥면적의 합계가 20m² 미만인 공장(다
만, 대기환경보전법, 수질환경보전법, 또는 소음진동규
제법에 의한 배출시설의 설치허가를 요하지 아니하는 것
에 한한다).
- 공장(도정공장, 식품공장, 제1차산업 생산품의 가공공장
및 읍·면지역에서 건축하는 첨단산업 공장에 한한다).
- 아파트형 공장

◎ 개발제한구역 : 원칙적으로 공장건축 불가

〈공업단지〉

◎ 공장시설구역 : 원칙적으로 모든 업종의 공장의 설치가 가능
함.

〈택지개발예정지구, 전원개발사업구역〉 : 공장설립 불가

교육은 훌륭한 사업 아이템
―학원, 교습소 차리기―

요즘 무슨 장사를 해도 크게 남는 것이 없다고 한다. 무슨 업종이든 그만큼 경쟁이 치열해졌다는 얘기다. 학원 경영의 경우도 이와 비슷하다. 그럼에도 학원을 차렸다가 크게 망한 경우는 아직까지 많지 않다. 우리나라 사람들의 교육열이 여전히 높은 덕분이다. 여기에다 학원을 차리는 데는 다른 업종에 비해 시설비가 많이 들지 않는 편이다. 전문직에 종사하던 사람들이라면 그 동안 쌓은 지식을 썩히지 말고 학원을 차려 보는 것이 좋다.

현재 학원을 설립할 수 있는 분야는 줄잡아 90여 가지에 이른다. 조리학원에서부터 미용학원에 이르기까지 너무나 다양하다. 여기서 일반인들이 아직 잘 모르고 있는 사항을 하나 지적하려고 한다.

법적으로 학원이라고 말하는 것은 '교습소'와 '학원' 두 가지로 구분돼 있다. 두 가지 다 '학원설립운영법'에 규정돼 있지만, 설립기준이 상당히 다르다. 교습소는 학원에 비해 차리기가 쉽다. 아파트 단지, 상가 등에서 운영하는 학원들은 실제 간판만 학원이지 교습소를 말한다. 학원은 등록조건이고 교습소는 신고사항이다. 두 가지 모두 관할 교육구청의 사회교육행계에 신고 또는 등록하면 된다.

자, 이제 교습소를 차릴 수 있는 아이템으로 어떤 것이 있는지 알아 보자.

먼저 예능분야에서는 미술, 피아노, 서예, 무용, 공예, 웅변, 모델, 사진, 만화, 연극, 영화, 바둑, 꽃꽂이, 종이접기, 지점토, 도자기, 국악, 전통무용 등이 있다.

사무분야로는 컴퓨터 정보처리, 부기, 속기, 속셈, 비서, 주산, 경리, 부동산, 관광, 물류 등 자격증분야가 있다.

최근에는 기술분야에서의 교습소 설치가 가능한 곳이 엄청나게 늘어났다. 기계분야에서만도 자동차 정비, 자동차 검사, 용접, 금형, CAD, CAM, 기계설계, 중기 운전 등 다양하다. 케이블 TV 및 지역민방 신설 등의 영향으로 방송제작, 조명, 음향, 촬영 등도 인기추세다.

새로운 산업분야에서 환경, 오물처리, 컴퓨터, 인쇄 등의 교습소 설치도 가능하다. 제품 디자인, 패션디자인, 유선설비, 무선설비 등도 다시 늘어나는 추세다. 그 밖에 간호조무사, 미용, 한복, 조리 등 전통적인 교습소도 여전히 성업 중이다.

독서실을 차리려는 사람도 교습소의 규정을 알아두는 것이 바람직하다. 독서실은 교습소 규정에 따라 신고를 받기 때문에 교습소의 한 종류로 친다.

모든 교습소는 강의실 면적을 30m² 이하로 해야 한다. 교습자는 학원강사 자격증을 갖춰야 한다. 처음 학원으로 창업을 하는

<교습과정의 종류>

분 야	계 열	교 습 과 정
기 술	기 계	기계공작, 기계정비, 기계설계, 기계제도, 중기운전, 중기, 자동차운전, 자동차정비, 자동차검사, 용접, 금형, 배관, 가스, 원동기, 냉난방, 냉동기계, 시계수리, 귀금속 가공
	전 기	전기재료, 전자재료, 전기기기, 전자기기, 음향영상기, 무선설비, 무선통신, 유선설비, 유선통신 열관리, 소방설비, 발송·변·배전
	정 보	컴퓨터, 정보처리
	화 공	환경, 오물처리, 인쇄
	산업안전	비파괴검사, 산업안전
	건 설	토목, 건축, 조경, 건설안전, 도시계획, 측량, 온돌, 도배, 지적
	농림수산	낙농, 농산제조, 종묘, 동물
	식 품	조리, 영양, 제과, 제빵, 조주
	의 복	수예, 편물, 자수, 한복, 양재, 세탁
기 술	방 송	방송제작, 조명, 음향, 촬영
	산업응용	품질관리, 포장, 제품디자인, 산업디자인, 패션디자인, 피아노 조율
기 술	간 호	간호조무사
	이·미용	이·미용
문 리	보통교과	중학교 및 고등학교의 교육과정에 속하는 교과 (예·체능 및 실업계 고등학교의 전문교과는 제외한다.)
	인문·사회	행정, 경영, 회계, 통계, 어문, 번역, 성인고시
경영실무	서 비 스	금융, 보험, 유통, 광고, 부동산, 관광, 교통
	사 무	부기, 속기, 속독, 속셈, 워드프로세서, 비서, 주산, 타자, 경리, 펜글씨, 차트
예 능	예 능	국악, 전통무용, 서예, 도예, 음악, 미술, 무용, 공예, 웅변, 모델, 사진, 만화, 연극, 영화, 바둑, 꽃꽂이, 꽃기예
독 서 실		독서실

교육은 훌륭한 사업 아이템

사람이라면, 교습소에서 시작한 다음 잘 되면 학원으로 승격시켜 나가는 것도 괜찮은 방법이다.

정식 학원의 설립에 대해 알아보자. '학원'이란 10인 이상의 학습자에게 30일 이상의 과정을 교육시키는 곳을 말한다. 이의 시설기준은 각 시·도에 따라 다소 차이가 있다.

일반적으로는 강의실과 사무실을 갖춰야 한다. 강의실은 30m² 이상 135m²까지로 돼 있다. 그러나 각 과정에 따라 강의실 규정이 전혀 다르다. 운전교습학원은 60m² 이상이라야 하지만 입시(단과, 종합)학원은 660m² 이상이어야 한다. 검정고시(480m² 이상), 외국어(330m²), 컴퓨터(90m²), 연극·영화배우(90m²) 등이

〈학원의 과정별 최소면적〉

계 열	교습과정	최소면적(가용 실면적)
기술계	컴퓨터	사무실 10m², 실습실 90m²
	정보처리	사무실 10m², 강의실 60m², 실습실 150m²
문리계	입시(종합, 단과)	사무실 10m², 강의실 660m²
	검정고시	사무실 10m², 강의실 480m²
	성인고시	사무실 10m², 강의실 150m²
	어학(외국어)	사무실 10m², 강의실 330m²
	보 습	사무실 10m², 강의실 70m²
경 영 실 무	서비스, 사무	사무실 10m², 강의실 90m²
예능계	음악, 미술, 세계, 웅변, 바둑	사무실 10m², 실습실 90m²
	무 용	사무실 10m², 무용실 90m², 탈의실 5m²
	연극, 영화	사무실 10m², 실습실 90m² (영화기술 : 현상실 10m², 녹음실 15m²)

모두 다르다.

　또 학원을 차리기 위해 지하층을 임대했다면 허사이다. 지하층과 주차장은 학원등록이 불가능하기 때문이다. 자동차 교습학원의 등록은 지방경찰청에서 처리하는 점이 일반 학원과는 다르다는 점에도 유의하자.

26

빨라야 산다
—퀵 서비스업—

요즘을 스피드 시대라고 한다. 덕분에 퀵 서비스 산업이 급부상 중이다. 이들은 대부분 컴퓨터 및 정보통신, 인력대행 등과 연관된다. 그 동안 퀵 서비스의 대명사로는 사진현상 점포와 오토바이 직배센터를 꼽았다.

올해 들어서는 즉석 인쇄점이 그 자리를 먹어 들어가기 시작했다. 사식, 편집, 제판, 인쇄 등을 컴퓨터로 1시간 이내에 처리해 주는 점포가 곳곳에서 등장하고 있다. 점포는 3~5평 정도면 충분하고 컴퓨터, 스캐너, 재단기 등을 설치해야 한다.

전문 인쇄점 창업을 위한 전자인쇄기 판매점도 있다. 전자인쇄기로는 현재 〈한서미디어〉가 공급하는 'E프린트1000'을 최고급품으로 꼽는다. 이 컴퓨터인쇄기는 이스라엘에서 개발된 최첨단 기기로 대당 5억원에 이른다. 그러나 리스로 도입할 수 있으므로 처음부터 큰돈이 들지는 않는다. 다만 전자출판에 다소 경험이 있거나 매킨토시를 만질 줄 아는 사람에게 유리하다. 국내에선 이미 15개소에 설치됐다. 앞으로 퀵 전문인쇄에 새바람을 일으킬

전망이다. 이 아이템의 참여를 원하면 〈한서미디어〉에 문의하면
된다.

  인터넷 비즈니스가 새사업으로 떠오르면서 스피디한 정보서비
스 산업이 각광받는다. 인터넷을 통해 광고전략을 맡아 주는 인터
넷 AE가 선보였다. 애플릿 프로그래머도 새 분야다. 정보통신,
헤드헌팅업, 데이터베이스 보관업 등도 새 사업 중 하나다.

  그러나 이들은 한결같이 약간의 전문지식이 있어야 가능하다.
전문지식 없이도 참여할 수 있는 새 서비스 사업들도 잇달아 나오
고 있다. 오락실, 노래방, 비디오방에 이어 최근에는 컴퓨터 만화
점이 청소년들에게 인기다. 국내에서 개발된 만화왕국이 바로 이
시스템이다. 버튼을 누르면 고화질 화면에 입체만화가 나온다.

  인력을 구하기가 힘들어지면서 등장한 서비스도 있다. '사이버
클리닝업'은 컴퓨터 등 각종 사무자동화 기기 등을 전문적으로 청
소해 준다. 전문인력 파견서비스는 이미 성행하고 있다. 파출부를
구하기가 힘들어지자 '가정 청소대행업'과 '빈집 지켜주기 서비
스'도 선보였다.

  '외식'만 서비스가 가능한 것이 아니다. '내식'도 퀵 서비스로
할 수 있다. 저녁거리를 가정에 배달해 주는 퀵 서비스를 개발해
보라. 꽤 짭짤한 재미를 볼 수 있을 것이다.

  퀵 서비스가 등장하면서 새로운 이름의 사업을 많이 만들어 냈
다. 아침식사를 하지 못하고 출근한 회사원들이 혼자서 식사를 할
수 있도록 만든 '스피드 캡슐점'이 대표적이다. 짧은 시간에 잠을
잘 수 있는 '수면 캡슐'도 있다. 서울역 등에 설치돼 있는 개인
캡슐과 함께 '쾌면 스튜디오'도 앞으로 유망한 아이템이 될 듯하

다. 이는 샐러리맨들이 낮에 잠시 쉴 곳이 마땅치 않았던 점을 활용한 업종들이다. 그 동안은 주로 사우나와 이발소를 찾았다. 그러나 이제 회원제로 운영되는 남성 전용 미용소를 찾을 수도 있다. 구두를 닦아 주고 이발, 드라이, 양복 다림질까지 단시간에 처리해 주는 남성을 위한 미용살롱을 만들어 보자.

독신 노인 및 거동이 불편한 노인들이 늘어나면서 '재택 입욕 서비스'도 유망하다. 가정을 방문, 노인들에게 목욕을 시켜 주는 용역이다. 욕조, 급탕 등 설비를 갖춘 입욕차를 운용하면 좋다. 물론 이런 퀵 서비스는 장기적인 아이템은 아니다. 그러나 큰돈 없이 일단 목돈을 마련하는 데는 안성맞춤이다.

조금만 신경쓰면 세금이↓
─중기 창업시 조세 감면─

창업자에게는 여러 가지 세제 혜택이 주어진다. 그럼에도 이 혜택을 찾아먹지 못하는 창업자들이 생각보다 많다. 중소기업을 창업하면 최고 5년간 법인세 또는 소득세의 50%를 깎아 준다.

그러나 약간의 실수로 이 혜택을 받지 못하는 사례가 흔하다. 50%씩이나 깎아 주는데도 혜택을 받지 못한다면 실수가 아니라 낭패다.

예를 들어 보자. 같은 용인군에 사업장을 내더라도 수지면이나 남사면에 내면 조세감면을 못 받는다. 반면 원삼면이나 외사면에 공장을 세우면 세금을 절반만 내도 된다. 또 군 지역에서 엔지니어링 사업을 하면서 도소매업으로 창업하면 세금을 2배나 더 내게 된다.

왜 이런 일이 일어날까? 이는 정부가 수도권 인구억제와 기술집약형업종 육성에 초점을 맞춰 세제를 짜 놓았기 때문이다.

창업자를 위한 세제 혜택은 법인세뿐이 아니다. 등록세와 취득세도 50%만 내면 된다. 재산세는 5년간 절반만 물면 된다. 그러

<중소기업 창업자 조세 감면 내용>

관련조세	관련규정	감 면 내 용
법인세 (소득세)	조감법 제6조 창업지원법 제25조	농어촌지역 중소기업 창업자 및 수도권 외 지역 기술집약형 중소기업 창업자 – 최소 소득발생 과세년도와 그 다음 과세연도 개시일부터 5년 내에 종료하는 과세연도 : 50% 감면 수도권 안에서 기술집약형 중소기업을 창업하는 자(수도권정비계획법에 의한 과밀억제지역과 성장관리지역 중 대통령령으로 정하는 지역 제외) – 최소 소득발생 과세연도와 그 다음 과세연도 개시일부터 3년 내 종료하는 과세연도 : 50% 감면 – 그 다음 2년 이내 종료하는 과세연도 : 30% 감면
등록세	조감법 제113호	창업일로부터 2년 이내 취득한 사업용 재산에 대해 등록세 : 75% 감면
취득세	조감법 제114호	창업일로부터 2년 이내에 취득한 사업용 부동산에 대해 취득세 : 75% 감면
재산세 및 종합토지세	조감법 제115호	사업을 영위하기 위해 소유하는 사업용 재산에 창업일로부터 5년간 재산세 및 종합토지세 : 50% 감면

나 이처럼 다양한 혜택도 조건이 맞지 않으면 허사다. 세금의 감면을 받을 수 있는 조건은 크게 두 가지로 나뉜다. 첫째, 업종이 해당돼야 한다. 둘째, 지역이 맞아야 한다.

창업자로서 혜택을 받을 수 있는 업종은 제조업, 광업, 부가통신업, 연구개발업, 종합유선방송 및 프로그램 제작공급업, 엔지니어링 사업, 정보처리 및 컴퓨터 운용 관련업, 물류산업 등이다.

〈세액 감면 신청방법〉

구 분	신 청 방 법
소득세, 법인세	소득세 또는 법인세 감면을 받고자 하는 창업 중소기업은 과세표준신고시 에액감면신청서를 관할 세무서장에게 제출하여야 한다.
지방세	등록세, 취득세, 재산세 및 종합토지세의 각면을 받고자 하는 창업 중소기업은 그 감면사유를 증명할 수 있는 서류를 갖추어 관할 시장, 군수 또는 구청장에게 신청하여야 한다.
기술집약형 중소기업의 확인	기술집약형 창업 중소기업의 경우 기술집약형임을 확인할 수 있는 서류를 최초 감면신청시 함께 제출하여야 한다.

지역은 군 지역이거나 수도권 외 지역이어야 한다. 여기서 수도권이란 서울, 인천을 비롯 수원, 의정부, 성남, 안양 등 경기도 시 지역이 모두 포함된다.

다만 경기도 군 지역은 수도권에 들어가는 곳도 있고 빠지는 곳도 있다. 용인군(기흥, 구성, 수지, 남사), 화성군(태안, 반월, 매송, 봉담, 정남, 동탄), 평택군(진위, 서탄), 김포군(김포, 고촌, 검단), 양주군(주내, 백석, 장흥), 포천군(소흘) 등은 창업시 세제의 혜택을 받지 못한다.

그러나 수도권에 속하면서도 창업할 때 세제의 감면을 받을 수 있는 업종이 있다. 바로 기술집약형업종이다. 이 업종에 속하는 분야는 다양하다. 중소기업 계열화업종을 비롯하여 특허 실용신안의 기업화, 창업투자회사 출자업체, 기술도입 계약 신고사업, 연구기관 개발기술의 사업화 등이 여기에 속한다.

이들 업종의 기업은 수도권에 속하더라도 3년간 법인세 또는 소득세를 50% 감면받을 수 있다. 특히 이 경우는 감면절차가 까

다릅다. 예를 들면, 기술집약형업종이더라도 서울, 인천(남동공
단 제외), 수원, 안양 등 과밀억제지역은 혜택이 없다. 따라서 창
업 승인 이전에 세금문제에 신경을 쓰자.

　세금을 덜 낸다면 이익이 그만큼 더 생긴다는 점을 염두에 두
자. 세금을 절반밖에 내지 않으면 이미 장사는 절반쯤 해 놓은 셈
이다.

공장을 지으면 범법자가 된다?
─ 복잡하고 까다로운 공장설립 절차 ─

"국내에서 공장을 지으면 누구나 범법자가 됩니다." 최근 수도권에 에폭시 관련 제품 공장을 세운 중소기업자의 말이다. 공장설립 관련법이 70여 가지에 이르기 때문에, 적어도 한두 가지 규정에는 꼭 걸리기 때문이라는 것이다. 그만큼 공장설립의 절차는 까다롭고 복잡하다는 얘기이기도 하다.

공장설립의 절차는 업종, 지역, 규모에 따라 엄청나게 차이가 난다. 다만 기본절차만은 비슷하다. 따라서 여기서는 창업자가 꼭 알아둬야 할 법적인 절차를 지적하고자 한다. 공장을 짓는 인허가 절차는 크게 세 가지로 나뉜다. (1)공장설립 승인 (2)건축허가 (3)공장설립 완료신고 등이다. 이들 절차는 시, 군, 구에서 담당한다.

먼저 설립승인은 공장을 지을 곳을 선택한 뒤 시·군·구의 지역경제과 또는 창업민원실을 찾아가야 한다. 공장설립 신고서 및 사업계획서 등 신청서류를 낸다. 승인신청을 받은 시·군·구는 공업배치 및 도로, 하천, 공유수면 등 25가지 사항에 대해 검토한 뒤 승인해 준다. 처리기간은 최하 10일에서 45일까지다.

　대부분의 창업자들이 공장설립 승인을 받으면서 무척 고통을 당한다. 담당 공무원이 끊임없이 요구하는 서류와 그들의 불친절에 지쳐 버린다. 담당 공무원과 적어도 두세 번은 말다툼을 해야 승인이 난다.

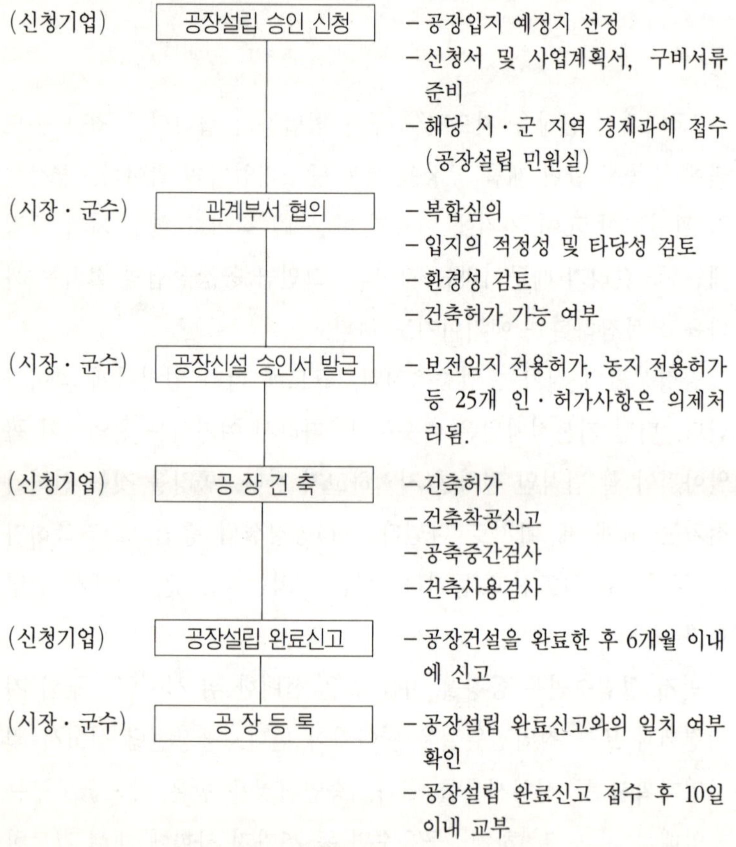

그러나 설립승인은 겨우 시작에 불과하다. 건축허가에 들어가면 더 힘들어진다. 건축허가 신청서, 도시계획 확인원, 건축설계도 등을 갖춰 시·군·구청에 내면 15일 이내에 허가를 해 주도록 규정하고 있다. 그러나 15일 이내에 너무 연연하지 않는 것이 낫다. 웬만한 전문가가 서류를 갖춰 가도 퇴짜를 맞기가 일쑤이기 때문이다. 한 번 퇴짜를 맞으면 다시 15일이 연기될 수 있다.

공장을 착공하면 또 착공신고를 해야 한다. 이때 설계자, 감리자, 시공자 및 공사계획 등을 갖춰 신고한다. 감리, 중간보고도

〈공장건축 행정절차〉

건축허가 시·군·구	• 건축허가 신청서 • 도시계획 확인원(국토이용계획 확인원) • 토지등기부등본 또는 토지사용승락서 • 건축설계도서 • 기타 허가, 신고를 위한 신청서 및 구비서류 • 행정기관과 협의 15일 이내.
건축착공신고 시·군·구	• 건축물 공사계획 신고 • 착공 전 공사감리, 공사시공자 날인을 받은 후 제출 • 건축주와 맺은 계약서 사본(설계자, 감리자, 시공자) • 설계도서
공사감리 중간보고 시·군·구	• 공사 감리자가 보고서 작성 • 거푸집 또는 주춧돌의 설치를 완료한 때 • 기초공사시 철근배근을 완료한 때(철골조, 조적조 등)
건축물 사용승인 시·군·구	• 사용검사 신청서, 설계도서, 공사감리보고서 • 사용승인 관련 서류확인 내역서
공장설립 완료신고 시·군·구	• 공장설립 완료신고서, 준공검사필증 • 공장배치도(공업배치 및 공장설립에 관한 법률 제15조)

공장을 지으면 범법자가 된다?

필수이다. 공사 감리자가 거푸집, 철근, 배관 등이 끝났을 때 보고서를 작성한 다음 신고해야 한다. 이어 공장을 짓고 나면 건축물 사용승인을 받아야 한다. 이때 동력, 용수, 소방, 환경 등이 적합한지 체크한다.

공장을 다 짓고 가동에 필요한 기계 및 설비의 설치까지 끝내면, 이번에는 공장설립 완료를 신고해야 한다. 완료신고를 할 무렵이면 '이제 공장은 두 번 다시 짓지 않겠다'는 말을 서슴없이 하게 된다. 숱한 행정절차에 진저리가 났기 때문이다. 그럼에도 아직 행정절차는 남아 있다. 공장등록증이 나와야 한다. 공장등록증을 내줄 때도 건축법, 국토이용관리법 등에서 규정한 허용기준이 지켜졌는지 거듭 검토한다. 이때 공무원과 싸우는 것은 금물이다. 어떻게든 설득해서 공장등록증을 받아 내는 것이 상책이다.

공장등록을 받고 나면 이제 '휴우'하고 큰 숨을 쉬어도 된다. 일단 이때부터 정책자금을 쓸 수 있다. 중소기업 구조개선자금 및 지자체 창업자금 등을 대출받을 수 있다.

여기서 한 가지 권하고 싶은 것이 있다. 창업자가 첫 공장을 지을 때는 소규모로 시작하는 것이 좋다는 것이다. 200m² 이하가 바람직하다. 200m² 이하의 공장은 공장설립 신고대상이 아니기 때문에 여러 가지 행정절차를 거치지 않아도 된다. 공장설립 승인을 받지 않고서도 공장등록증을 받을 수 있다. 물론 용도지역 등에 저촉되지 않아야 한다. 당연히 환경관련법에도 걸리지 않아야 한다. 거듭 강조하지만 처음 공장을 지을 때는 200m² 이하로 시작하라.

〈공장설립 승인에 따른 의제처리사항〉

	법　률		인·허가사항
1	농지법 제36조 　　제37조·제45조	1	농지전용허가
		2	농지전용신고
2	산림법 제18조 제1항 　　제90조 제1항	3	보전임자선용허가
		4	벌채 등 허가
3	초지법 제23조 제1항	5	초지전용허가
4	사방사업법 제14조 제2항 　　제20조 제1항	6	사방지 안 시설허가
		7	사방지 지정해제
5	도시계획법 제4조 제1항	8	도시계획 구역 내의 토지형질변경 허가
		9	도시계획 구역 내의 토지분할 허가
6	낙농진흥법 제7조 제1항	10	낙농지대 해제
7	하천법 제23조 제1항 　　제25조 제1항	11	하천공사 시행허가
		12	하천점용 등 허가
8	공유수면관리법 제4조 제1항	13	공유수면점용 및 사용허가
9	매장 및 묘지 등에 관한 법률 제16조 제2항	14	무연분묘 개장허가
10	사도법 제4조	15	사도개설의 허가
11	도로법 제40조 제1항 　　제50조 제5항 　　제51조 제3항	16	도로점용허가
		17	접도구역 안에서의 허가
		18	연도구역 안에서의 허가
12	공유수면매립법 제4조	19	공유수면 매립의 면허
13	농어촌정비법 제20조	20	농업기반시설의 목적외 사용의 승인
14	국유재산법 제24조 　　제30조	21	국유재산의 사용·수익허가
		22	도로·하천·구거 및 제방의 용도폐지
15	국토이용관리법 제21조의 3 　　제21조의 7	23	토지 등의 거래계약의 허가
		24	토지 등의 거래계약의 신고

공장을 지으면 범법자가 된다 ?

미래사업
― 오염방지시설업 ―

중수(中水)라는 말을 아는 사람은 아직 많지 않다. 그러나 환경오염 방지가 갈수록 절실해지면서 이 용어가 차츰 퍼지기 시작했다. 중수란, 상수(上水)와 하수(下水)의 중간물을 말한다. 먹는 물도 더러워진 물도 아닌 보통의 맑은 물을 뜻한다.

지금까지 공장이나 대형건물 등에서는 사용한 물을 하수로 내보냈다. 그러나 이제부터는 오폐수를 마음대로 방류할 수 없게 됐다. 중수로 내보내야 한다. 따라서 오폐수처리장치의 설치가 새 사업분야로 떠올랐다.

오폐수처리 같은 공해방지시설 분야에서 새로 부상한 업종은 크게 세 가지로 나뉜다. 수질오염 방지, 대기오염 방지, 소음진동 방지 등이다.

이를 위한 시설을 설계하고 시공해 주는 사업이 유망해졌다. 그렇지만 이들 분야에서 창업을 하려면 일정한 자격을 얻어야 한다. 자격이란, 지방 환경관리청에 오염방지시설업을 등록해야 한다는 것이다. 일반적으로 등록은 서류만 갖추면 되는 경우도 있으나, 이는 환경청으로부터 실사(實査)까지 받아야 한다.

먼저 수질오염방지시설업부터 살펴보자. 이 사업은 일단 건설과 화학분야에 약간의 기술을 가진 사람이 유리하다. 수질관리기술사 및 수질환경기사의 확보는 필수다. 또 건설기계기사 및 화공기사 등도 2명 이상 고용해야 한다.

이런 업체를 창업할 때는 주식회사로 등기하는 것이 좋다. 개인사업자는 재산평가액이 4억원 이상이어야 하는데 비해 법인은 자본금 2억원 이상이면 가능하기 때문이다.

또 시설장비도 갖춰야 한다. BOD, COD 등 수질을 측정할 수 있는 실험장비와 용접기, 절단기, 드릴, 파이프 머신 등 시공장비도 필요하다. 실험실은 40m² 이상, 사무실은 50m² 이상이어야 한다. 이 사업을 시작하려면 공사를 따내는 것이 큰 과제이다.

창업자로서는 일단 생화학적 수질처리 분야가 바람직하다. 이는 지자체의 하수종말처리장을 비롯하여 도축장, 제지회사, 피혁회사 등에서 설치한다. 식품회사의 음료 처리, 전분 처리, 농수산 폐수 등도 개척할 수 있는 분야다. 양돈 폐수, 유지 폐수 등도 생화학처리로 가능하다. 이들 기술을 응용하면 앞으로 고속 토비화 설비를 비롯해서 미생물처리제 개발, 오폐수 진단용역, 난분해성 COD 처리 등의 분야에도 참여할 수 있다.

특히 이 분야는 중수처리 설계, 미생물 처리 파일럿 장치의 제작, 폐수시설 운전 등에 대한 기술까지 확보하면 경쟁에서 이기기 쉽다. 이 분야의 기술에 대한 자문을 얻으려면, 서울 전농동에 있는 〈대양바이오테크〉(243-0825)의 서정원 사장에게 물어 보자.

국내에서 중수 시공장비 및 제품을 가장 잘 갖춘 곳은 〈청우엔

지니어링〉(3661-3250)으로 꼽힌다. 대개 오염방지시설업은 등록 요건이 수질오염방지업과 비슷하다. 자본금 2억원 이상이어야 하며, 대기관리 기술사 및 대개 환경기사 등을 둬야 한다. 단 대기오염방지업은 실험실이 없어도 된다.

소음진동방지사업도 등록요건은 거의 유사하다. 이 분야에서 창업을 준비하는 사람은 일단 지방환경청의 관리과나 지도과에 문의해 보는 것이 좋다. 신청하면 접수 후 20일 이내에 처리해 주도록 규정돼 있다.

사업을 시작하기 전에 환경관계법을 한 번 훑어보자. 대기환경보전법(44조)과 소음진동규제법(43조), 수질환경보전법(39조) 등을 상식적으로 알아두자. 환경오염방지업은 '현재'보다는 '미래'가 밝은 사업이다. BQ가 높은 기업인, 예비창업자는 목표의식을 갖고 항상 미래를 주시한다.

전문 서비스로 승부하자
— 안경점, 여행업, 창고업… —

"안경점을 내는 데도 허가를 받아야 합니까?" 이런 전화 문의를 두 번 받았다. 그러면서 안경점을 내는 절차를 안내해 줄 것을 요구했다. 대답부터 하자면, 안경점은 허가업종이 아니다. 등록업종이다. 안경점을 내려면 시·군·구의 보건행정과나 의약과에 등록하면 된다. 현장 실사를 받아야 등록증이 나오며, 처리기간은 7일 이내이다.

그러나 생각보다 등록조건이 까다롭다. 점포의 바닥면적이 5평을 넘어야 한다. 채광과 환기가 잘 되고 깨끗해야 한다. 갖춰야할 장비도 많다. 시력표, 표본렌즈, 검안의자, 동공거리(PD)기, 옥습기, 렌즈 절단기, 가열기, 안경 세척기 등은 필수다. 요즘 렌즈 가공기는 완전히 컴퓨터화한 기기들이 많다. 인건비 절감 및 정확도를 위해 컴퓨터 기기를 들여놓는 것이 좋다.

컴퓨터 자동 옥습기는 〈피치나사〉(752-5525), 자동 시력측정기는 〈미양광학〉(779-7400), 전 기능 컴퓨터는 〈정양광학〉(753-4929)등에 물어 보면 된다.

과제는 안경사의 확보라고 할 수 있다. 하루 평균 40건 이하의 안경을 맞춰 주려면 1명의 안경사가 있어야 한다. 40건을 초과할 때마다 1명씩 더 필요하다. 현재 전국의 안경사는 1만 9,000여 명이다. 지금까지 안경사 자격은 '안경사협회' 안의 기술학교를 거친 뒤 '국립보건원'에서 치르는 시험을 거치면 됐다. 그러나 이제는 전국의 14개 전문대학에 있는 안경과학과를 나와야 시험자격이 있다. 시험은 매년 2월에 치러진다. 안경사 확보에 관한 문의는 '안경사협회'(773-2942)로 하는 것이 정확하다.

안경점과 마찬가지로 점포개설을 등록해야 하는 전문 서비스업 종으로는 여행업과 창고업이 있다.

여행업은 크게 세 가지로 나뉜다. 국내여행업, 국외여행업, 일반 여행업 등이다. 이 중 국내외여행업은 시·군·구 문화공보실에 등록한다. 반면 일반 여행업은 문화체육부의 국제관광과에 등록해야 한다. 국내외여행업은 내국인을 대상으로 하는 것을 말하고, 일반 여행업은 외국인도 포함하는 것을 뜻한다. 따라서 일반 여행업의 경우 등록기준이 높다. 자본금이 3억 5,000만원 이상이어야 하고 사무실 면적이 100m² 이상이어야 한다. 창업자로서는 국내외여행 겸업으로 출발하는 것이 바람직한데, 1억 5,000만원의 자본금으로도 가능하기 때문이다.

국외여행만 취급한다면 1억원으로도 출발할 수 있다. 다만 요즘에는 안경점과 마찬가지로 여행업도 지나치게 경쟁이 치열한 것이 흠이다. 독특한 테마를 선정, 광고를 통해 손님을 모을 노하우가 있어야 성공할 수 있다. 여행업을 등록하고 나면 여행자에게 피해를 줄 경우 손해배상을 할 수 있는 능력을 갖춰야 한다. 즉

‘관광협회’에 영업보증금을 예치하거나 보증보험에 가입해야 한다. 일반 여행업은 3,000만원 이상이고 국외여행업은 2,000만원 이상을 예치해야 한다.

<여행업 구분>

업종별 구분	일반여행업	국외여행업	국내여행업	국내·국외여행업 겸업
자 본 금	3억 5,000만원 이상	1억원 이상	5,000만원 이상	1억 5,000만원 이상
사무실 면적	100m² 이상	60m² 이상	50m² 이상	90m² 이상
영업대상	국내·외를 여행하는 내·외국인을 대상	국외를 여행하는 내국인을 대상	국내를 여행하는 내국인을 대상	국내·외를 여행하는 내국인을 대상

창고업은 여태까지 창업 업종으로 그다지 수면에 떠오르지 않은 업종이다. 그러나 물류비용의 증가가 업계의 큰 애로사항으로 부상하면서 이 업종이 관심을 끌고 있다. 특히 창고업도 정책자금을 지원받을 수 있게 되면서 유망업종으로 손꼽힌다.

창고는 시·도 운수2과나 교통지도과에서 맡는다. 창고는 보통창고, 야적창고, 수면창고, 위험물창고, 냉동·냉장창고 등이 있다. 최근에는 자동화창고가 인기인데, 물류비용을 크게 줄일 수 있기 때문이다. 이들 등록 서비스 업종에서 자신에게 알맞는 업종을 찾아보자.

인사(人事)가 만사(萬事)
―채 용―

어떤 사람이 일을 잘 할까? 창업자들은 이런 문제를 놓고 꽤 나 고민한다. 그러나 그 답은 의외로 단순하다. 일을 잘 하는 사 람이란 창업자와 뜻이 잘 맞는 사람이다. 따라서 인력채용에 나설 때는 남의 눈치를 너무 살피지 말자. 창업자의 마음에 드는 사람 을 뽑으라는 얘기다.

새 조직에서는 아무리 능력 있는 사람을 뽑아도 서로 뜻이 맞지 않으면 허사가 된다. 뜻이 맞아야 힘을 낼 수 있기 때문이다. 다 만 다음 두 가지만은 신경을 쓰자. 첫째, 학력보다는 경력을 중시 할 것. 둘째, 인물보다는 성품을 보고 채용할 것 등이다.

인력을 채용하는 방법은 공개채용과 추천 두 가지로 나뉜다. 공 개채용은 경제신문에 광고를 내는 것이 가장 합리적이다. 추천은 해당 학원이나 학교, 친지 등에게 요청하면 된다.

채용에 앞서 준비해야 할 것은 조직표의 작성이다. 제조업의 경 우, 창업단계에서는 영업, 관리, 생산 등 3개 부서로 출발하는 것 이 상책이며 이 조직표에 맞춰 적정한 인원을 계산한다.

부서	담당	분 장 업 무
총 무	총 무 담 당	1. 회사직인의 제작 및 사용관리 2. 대내외 문서수발 및 문서의 작성·정리 보관사항 3. 대내외 행사에 관한 사항 4. 사무실 및 집기 관리·유지 업무 5. 회사 비품 조달·관리 업무 6. 사규의 제정·개정 업무 7. 소송사무처리 업무 8. 차량관리 업무 9. 노사협의회 업무 10. 의료보험 업무 11. 사우회 및 우리사주 업무 12. 이사회 업무 13. 기타 총무에 관련된 업무
	인 사 담 당	1. 인사관리에 관한 업무 2. 직원의 채용, 보직, 이동, 퇴직에 관한 업무 3. 직원의 승급, 승진에 관한 업무 4. 직원의 근무상황에 관한 업무 5. 직원의 출장, 휴가, 파견근무에 관한 업무 6. 직원의 일직, 당직에 관한 업무 7. 직원의 급여, 상여금, 퇴직금 계산 및 정산처리에 관한 업무 8. 인사고과에 관한 업무 9. 직원의 건강진단에 관한 업무
기 획 부		1. 경영 기본방침 및 경영계획안의 입안작성 2. 경영 합리화 방안의 수립 및 비교평가 3. 회사의 기구 및 조직개편에 관한 사항 4. 신규사업의 입안 및 계획서 작성 5. 일반 경제동향 및 동업계 동향의 분석 업무 6. 직원 교육에 관한 업무 7. 종합 예산안 편성 및 조정 업무 8. 부분예산의 조정 및 통계 업무 9. 공사집행계획서의 종합검토 및 조정 업무

인사(人事)가 만사(萬事)

부서	담당	분 장 업 무
자 재 부		1. 자재 수급계획 및 구매계획 수립에 관한 업무 2. 자재 비축 계획안 수립 및 실시에 관한 업무 3. 자재 거래처 관리 업무 4. 자재 구입대장 기록 및 보관 업무 5. 자재의 구입·납품에 관한 업무 6. 공사현장의 자재관리의 지도 및 감독 업무 7. 자재에 관한 정보수립 및 분석 업무 8. 자재 창고관리에 관한 업무 9. 폐자재의 매각 처분에 관한 업무 10. 자재의 손실처리에 관한 업무 11. 기타 자재관리에 관한 사항
업 무 부		1. 회사의 영업에 관한 기본 업무 2. 장·단기 영업계획 수립 업무 3. 영업 본·지점 관리에 관한 사항 4. 신규시장 진입에 대한 결정과 평가에 관한 사항 5. 새로운 시장 개척에 관한 영업전략 6. 영업환경 및 애로점 분석, 평가 업무 7. 국내·외 공사에 대한 계약 및 입찰과 그의 공사와 관련된 모든 사항 8. 기타 회사 영업과 관련된 사항
전 산 부		1. 장단기 전산화 종합계획 수립 2. 전산기기 도입 및 운영관리 업무 3. 전산 시스템 관리 및 운영 업무 4. 전산 교육계획의 수립 및 시행 업무 5. 영업지원 전산자료에 관한 사항 6. 기타 회사업무와 관련된 모든 전산업무
감 사 실		1. 감사계획의 입안 및 실시 업무 2. 사고 미연 방지를 위한 업무개선 사항 3. 감사에 따른 제반 행정처리 사항 4. 일상 감사에 관한 업무 5. 보안 및 기강 확립에 관한 업무

그 다음 창업자가 직접면담을 통해 인력을 뽑자. 면담을 할 때

사람이 탐난다고 해서 조직표에도 없고 응시자의 요구가 무리한데도 우선 뽑아 놓고 보자는 생각을 하면 위험하다. 인력난에 대비한다고 여유인력을 많이 뽑는 것은 더 곤란하다. 차분한 자세로 면접을 보자.

요즘 창업을 하면서 채용면접을 해 본 사장들은 한결같이 이렇게 말한다. "자기가 가진 기술이나 능력은 없으면서 턱없이 높은 급여를 요구한다." 인력채용에 나서 보면 이 얘기를 금방 실감하게 될 것이다. 때문에 면접할 때 직위와 급여를 쉽게 양보해 주는 것은 바람직하지 않다. 채용이 확정된 사원을 실제 업무에 배치하기 전에는 연수과정을 거치도록 하자. 간부직과 사무직 사원은 취업규칙 및 사규를 제정하는 데 직접 참여시키는 것이 좋다.

인력배치가 끝나면 이에 따른 행정절차가 필요하다. 상시 근로자 10인 이상이면 노동부 지방사무소에 취업규칙을 신고해야 한다. 취업규칙을 신고할 때는 임금, 퇴직금, 휴일, 휴가 등에 관한 상세한 의견서를 제출한다. 물론 노동조합이 있는 경우는 노동조합의 의견서를 내야 한다. 고용보험에도 신경을 써야 한다. 지금까지 고용보험 중 실업급여가 종업원 30인 이하에서만 적용됐으나, 내년부터는 10인 이상 사업장이면 적용된다.

사업의 개시와 함께 가입해야 할 것이 또 있다. 산업재해보상보험이다. 이는 근로자 5인 이상 사업장이면 근로복지공단에 신고해야 한다. 종업원 5인 이상 사업장은 의료보험도 당연히 가입해야 한다. 사업자 현황, 사업자등록증, 임금지급 명세표 등을 갖춰 직장의료보험조합에 가입해야 한다. 이제 5인 이상 업체라면 국민연금 가입도 의무사항이라는 점을 잊지 말자. 국민연금만 가입하면

<창업 후 행정절차>

부동산 등기	• 신청서, 등기원인 증빙서류
관할 지방법원 / 등기소	• 주민등록등본, 법인등기부등본(법인의 경우)
	• 대리인 신청시 권한증빙서류
	• 등기의무자의 권리에 관한 등기필증 (부동산등기법 제40조)

| 취업규칙신고 | • 신고서, 취업규칙, 의견서 : 근로자 10인 이상 사업장 |
| 노동부 지방사무소 | (근로기준법 제94조) |

사업장 설치계획 신고	• 신고서
노동부 지방사무소	• 유해위험방지계획서, 각 층의 건물평면도
	• 기계, 설비배치면
	• 제조공정 및 기계설비 구조의 표시도면 (산업안전보건법 제48조 제1항 및 제2항)

| 산업재해보험 · 관계성립신고 | • 신고서 : 근로자 5인 이상 사업장 |
| 노동부 지방사무소 | (산업재해보상보험 제6조 제1항) |

| 의료보험조합 관련 신고 | • 신고서(의료보험법 제17조) |
| 직장의료보험조합 | |

인력 관련 행정절차는 끝난다.

이제 창업 멤버들끼리 결속을 다져야 한다. 업무개시 전 1박 2일 정도 합숙하며 워크샵이나 세미나를 갖자. 경기도 시화에 있는 '중진공 자동화센터'(0345-496-1016)에 문의하면 회의실 등 세미나 시설을 무료로 빌릴 수 있다. 합숙 워크샵에서는 함께 이마를 맞대고 앞날을 설계하자. 서로 어깨를 부딪치며 몸으로 친해지자. 창업기업은 창업 멤버들의 피땀으로 성장한다.

신고가 필요한 제조업
—항공기, 장난감, 세척제, 위생용품—

대형 항공기와 장난감 비행기. 이 두 가지는 서로 크기는 다르지만 겉모양은 비슷하다. 창업부문에서도 이들은 서로 묘한 공통점을 가졌다. 둘다 '신고업종'이다. 사람이 타는 비행기든 가지고 노는 비행기든 모두 생명과 안전을 중시해야 하는 품목이기 때문에 같은 인허가 기준을 둔 듯하다.

현재 제조업종에서 신고를 해야 하는 업종은 딱 네 가지로, (1)항공기 (2)장난감 (3)세척제 (4)위생용품 등이 여기에 속한다. 이 네 개 업종 중 항공기 제조업은 돈이 많이 들어가므로 일반 창업자들로서는 넘보기조차 힘든 업종이다. 그러나 나머지 세 개 업종은 큰돈 없이 시작하기에 알맞은 품목이다. 그럼에도 신고 없이 이들 업종에 참여했다가 처벌을 받는 사례가 자주 일어난다. 따라서 여기서는 이들 업종의 창업을 신고기준에 초점을 맞춰 살펴보기로 한다. 이들 세 가지 업종은 모두 시·군·구의 위생과에 신고한다.

먼저 장난감 제조업부터 알아보자. 장난감은 작업장 면적이

〈제조업 신고등록업종〉

＊ 신고업종 ＊

사 업 명	근 거 법 령	처 리 기 관
세척제 제조업	공중위생법 제14조	시·군·구
장난감 제조업	공중위생법 제39조	시·군·구
항공우주산업	항공우주산업개발촉진법 제4조	통상산업부
기타 위생용품 제조업	공중위생법 제14조	시·군·구

＊ 등록업종 ＊

사 업 명	근 거 법 령	처 리 기 관
농약 제조업	농약관리법 제7조	농림부
사료 제조업	사료관리법 시행령 제16조	시·도
수처리제 제조업	먹는물관리법 제18조	시·군·구
정화조 제조업	오수·분뇨 및 축산폐수의 처리에 관한 법 제39조	시·군·구
출판 및 인쇄업	출판사 및 인쇄THDML 등록에 관한 법 제3조	시·군·구
음반 및 비디오물 제작업	음반 및 비디오물에 관한 법 제3조	문화체육부
열사용기자재 제조업	에너지이용합리화법 제42조	시·도
계량기 제작·수리업	계량기 및 측정에 관한 법 제24조	시·도
전기용품 제조업	전기용품안전관리법 제4조	시·도
공해방지 시설업	대기환경보전법 제44조 소음진동규제법 제43조 수질환경보전법 제39조	지방환경 관리청
승강기 및 부품 제조업	승강기 제조 및 관리에 관한 법 제4조	시·도

100m² 이상이어야 한다. 충분한 크기의 창고도 갖춰야 한다. 작업장 설치를 위해서는 모형제작에 필요한 사출성형기가 필요하다. 사출성형기는 플라스틱 가공기계업체에 주문하면 된다. 가공기업체를 직접 찾아가 성형품의 정밀도를 살펴본 뒤 사야 한다.

정밀도가 떨어지면 모형 비행기가 제대로 조립되지 않는다. 변신 로봇을 만들어도 팔다리가 금방 떨어져 버린다.

프레스, 세척기, 금형 등도 여러 곳을 둘러본 뒤 마련하자. 요즘 국내에서 일반적으로 장난감 제조업을 시작하는 것은 무리이다. 인건비가 너무 많이 들어가기 때문이다.

그러나 센서가 장착된 모형 로봇이나 전자적인 작동이 가능한 장난감은 여전히 승부를 걸만하다. 특히 유명만화나 외국회사의 캐릭터를 활용한 로봇 등은 인기를 끌고 있다. 어린이신문, 소년잡지, 유아용 TV프로그램 등에 광고해서 바람몰이를 하는 것도 꽤 괜찮다. 해외시장을 겨냥한 봉제완구는 이미 중국과 동남아지역으로 빠져 나간 지 오래라는 점을 염두에 두자.

여기서 위생용품 제조업이란 1회용품들을 말한다. 제조업 신고 대상이 되는 1회용품은 물컵, 젓가락, 숟가락, 이쑤시개, 위생용지 등이다. 1회용 젓가락 제조업은 $100m^2$ 이상의 작업장이 필요하다. 그러나 다른 품목은 아주 좁은 곳에서도 가능해서 $50m^2$ 이상이면 된다. 다만 작업장이 독립건물이거나 다른 시설과 완전히 구획되어 있어야 한다.

물컵 공장은 인쇄기, 절단기, 성형기, 접착기, 왁스 코팅기, 선별 포장기 등을 갖춰야 한다. 목재로 만드는 젓가락, 숟가락, 이쑤시개 등은 절단톱, 찜통, 깎기, 절삭기, 면취기, 건조기, 포장기 등을 사들여야 한다.

이들 1회용품은 작업장을 마련하는 것도 중요하지만 판매처를 확보하는 것이 급선무이다. 이미 대형식당이나 공공건물에는 기존 납품업체를 갖고 있다. 이들을 밀어내고 끼여들기 위해서는 끈질

<제조업 허가업종>

사 업 명	근 거 법 령	처 리 기 관
먹는샘물 제조업	먹는물관리법 제9조	시·도
식품제조·가공업	식품위생법 제22조	보건복지부, 시·군·구
소금제조업	염관리법 제3조	통상산업부
연탄제조업	석탄사업법 제17조	시·도
비료생산업	비료관리법 제11조	시·도
농약원제업	농약관리법 제9조	농업과학 기술원
유해화학물질 제조업	유해화학물질관리법 제10조	지방환경 관리청, 시·도
의약품 제조업	약사법 제26조	보건복지부
의약부외품 제조업	약사법 제26조	보건복지부
화장품 제조업	약사법 제26조	보건복지부
의료용구 및 위생용품 제조업	군복 및 군용장구의 단속에 관한 법률 제4조	국방부
가스용품 제조업	액화석유가스의 안전 및 사업 관리법 제3조	시·도
고압가스 및 설비 제조업	고압가스 안전관리법 제4조	시·도
소방용 기계기구 등의 제조업	소방법 제44조	시·도
보장구 제조·수리업	장애인복지법 제50조	시·군·구
사행기구 제조업	사행행위 등 규제 및 처벌특례법 제13조	지방경찰청
원자로 관계시설 및 부품생산업	원자력법 제37조	과학기술처
오존층 파괴물질 중 특정물질 제조업	오존층보호를 위한 특정물질의 제조규제 등에 관한 법률 제4조	통상산업부

긴 노력이 요구된다. 더욱이 호텔, 식당 등 대형업소의 1회용품 사용을 규제하는 바람에 지난 1~2년간 많은 업체들이 도산했다.

그러나 요즘 들어 다시 고급 1회용품의 수요가 크게 늘어나는 추세다. 매우 희망적이다. 모델 및 정밀도, 디자인만 뛰어나면 한 번 도전해 볼 만하다. 이제 이 분야에서는 단가를 낮추는 데 급급하지 말아야 한다. '고급화'를 추진해야 한다. 이것이 가장 앞선 전략이다.

(33)

매장관리의 상식은 상식이 아니다

잘 팔리는 상품과 돈이 남는 상품. 상품을 진열할 때 이 두 가지 중 어떤 것을 잘 보이는 자리에 놔야 할까?

창업자라면 누구나 돈이 남는 상품을 앞자리에 놓고 싶어할 것이다. 이익률이 높아야 돈이 많이 벌리니까.

그러나 전문가들은 이렇게 말한다. "잘 팔리는 물건을 잘 보이는 곳에 두십시오." 잘 팔리는 상품을 더 잘 팔리게 하는 것이 최고의 상술이라고 덧붙이는 것도 잊지 않는다. 이처럼 매장의 배치는 일반상식과는 꽤 다르다. 매장의 배치는 (1)매입 (2)진열 (3) 관리 등 3단계가 조화를 이뤄야 한다.

요즘은 매장을 꾸밀 때 인테리어나 시각적 디스플레이에 지나치게 신경을 쓴다. 이는 더러 오류를 범할 수 있다. 시각적인 것에 치중하다 보면 상품의 구입 및 배열, 재고관리 등을 등한히 하기 쉽다. 이런 잘못을 범하지 않으려면, 상품을 구매할 때 먼저 꼭 계약을 맺어야 한다. 좀 귀찮더라도 문서로 계약해 놓으면 강제효력을 가진다.

계약내용에는 납품방법, 가격, 발주 후 배달시간, 선수금, 반품조건, 결제방법, 유사상품 배달금지, 품질의 준수, 해약조건 등을 포함시켜야 한다. 이때 꼭 잊지 말아야 할 것이 하나 있다. 소량주문에도 즉시 배달해 줄 것을 명시하는 것이다. 처음에 이 조건을 달아두지 않으면 공급업자한테 무척 시달리게 된다.

상품을 구매할 때 항상 고민이 되는 것이 또 하나 있다. 구색을 갖춰야 할 물건은 많은데 돈이 모자라는 것이다. 이런 때는 결코 주문량을 먼저 정하지 말아야 한다. 돈의 액수를 설정한 뒤 아이템과 주문량을 선택하자. 그래야만 돈이 잘 돌아간다.

상품을 배치할 때는 고객의 동선(動線)을 우선 고려해야 한다. 손님이 한 곳에 모이는 것을 막아야 한다. 이를 위해서는 결코 자로 배열을 하지 말자. 네구멍난 자배열로 하자. 그래야만 고객이 쉽게 움직이며 찾아볼 수 있다.

노출기회는 구매충동과 직결된다. 매장운영의 참맛은 충동구매의 유발이다. 생각지도 않은 사람으로 하여금 물건을 사가게 하는 것이야 말로 최고의 묘미다. 그러나 창업자 스스로는 결코 충동구매를 해서는 안 된다.

매장운영에 있어서는 재고관리가 성공 여부를 판가름하기도 한다. 재고가 많으면 묶여 있는 돈이 늘어난다. 결국 원가부담과 금융비용 증가를 재촉한다. 따라서 재고는 과감히 처리하는 것이 최선이다. 여기서 매장관리의 상식을 요약해 보자.

오래된 상품을 묵히지 말자. '언젠가는 팔리겠지' 하면서 마냥 기다리는 것은 어리석은 일이다. 늦기 전에 싼값에라도 처분하라. 계절이 늦거나 유행에 처진 상품은 발견 즉시 처분하라. 파손

품이나 저질품은 곧장 없애자. 팔리지 않는 저질품은 즉시 대체품
이 없나 살펴보자.

통로에 상품을 전시하는 것은 좋지 않다. 진열상품에 대한 도표
를 항상 비치하자. 하루에도 두 번 이상 진열상품의 유무를 확인
해야 한다. 가격표가 제대로 붙어 있는지를 자주 확인하는 것도
중요하다. 장부는 매일 꼭 정리하라. 전표와 금액의 차이가 없는
지도 확인하라. 이런 매장관리는 모두 종업원들이 수행한다. 따라
서 종업원들이 올바른 자세를 갖도록 더욱 힘쓰자.

정리, 청결, 친절 종업원에게 이 세 가지를 거듭 강조하자.

창업에는 나이가 없다

대학을 나와 직장생활을 1년밖에 하지 않은 사람이 창업을 하겠다고 나서면 주변에서는 한결같이 말린다. 너무 이르다고 얘기한다. 이에 비해 직장생활을 오래한 부장급이나 이사급이 창업을 하겠다고 하면 너무 늦지 않았나 하면서 고개를 가로젓는다.

그렇다면 언제 사표를 던지는 것이 좋을까. 도대체 몇 살때 사업을 시작하는 것이 괜찮을까.

플랜트업체인 〈열성기공〉의 이수열 사장(41)을 보자. 그는 창업 적령기를 35세로 봤다. 직장생활을 시작하면서부터 서른다섯 살이 되면 사업을 시작하기로 굳게 마음먹었다. 이 사장이 적령기를 35세로 정한 데는 세 가지 이유가 있었다. 우선 서른다섯 살 정도라면 사회경험을 어느 정도 쌓았을 것이고, 또 그 나이에는 판단력과 체력을 다 갖추고 있다는 점, 그리고 실패하더라도 다시 일어설 여유가 있다는 점이었다.

〈선경건설〉 공채 1기로 입사한 그는 자신의 신념을 그대로 옮겼다. 35세가 되면서 서슴없이 사표를 던졌다. 이 사장의 이 같은 판단은 적중했다. 그는 3개월간의 창업기간을 거쳐 화학플랜트업체를 차렸다. 그는 5년만에 창업기업을 화학플랜트 분야의 선두업체로 끌어올렸다.

중진공의 조사에 따르면, 30대 창업의 경우 성공률이 가장 높은 것으로 분석되고 있다. 그러나 20대 창업이라고 해서 나쁘다고 말할 수는 없다. 요즘 들어 벤처기업이나 첨단 소프트웨어 개발업체 등은 대부분 20대 창업이다. 20대가 오히려 유리하다. 이는 앞선 기술을 신속히 개발해 낼 수 있기 때문이다. 〈원테크〉의 정재원 사장(29)처럼 아예 직장생활을 하지 않고 대학을 졸업하자마자 창업에 나서 성공하는 사례도 허다하다.

또 40대 이후에 창업을 할 때는 제조업에 뛰어들면 힘들다고 말한다. 제조업은 대규모의 투자가 필요한데다가 공장설립 등에 오랜 기간이 걸려서란다. 그러나 이 같은 상식에 너무 얽매이지 않는 것이 기업가 정신이 아닐까?

〈대정기계〉의 박헌진 회장은 〈현대그룹〉에 다니다가 40대에 건설기계 공장을 차렸다. 그가 건설장비 공장을 차리려고 하자 주위에서 한사코 말렸다. 그럼에도 박 회장은 긴 안목에서 제조업에 손을 댔다. 중소기업의 라이프 사이클이 15년 수준인 점을 감안할 때 40대로서도 제조업에 참여하기에 충분한 여유가 있다는 판단에 서였다.

40대 창업보다 더 위험해 보이는 것은 명예퇴직이나 정년퇴직을 한 뒤에 창업하는 것이다. 그러나 정년퇴직을 한 뒤 60대에 창업해서도 넉넉히 기업을 성장시킨 사람도 많다. 컴퓨터업체인 〈한영시스템〉의 한재열 회장은 공무원 생활을 하다가 정년퇴임을 하고 60세에 창업을 한 케이스이다. 그는 통산부 중소기업국장을 비롯해서 공업진흥청 차장, 중소기협중앙회 부회장 등을 역임하는 등 공무원으로서 충분한 공적을 쌓았으면서도 60세에 창업했다. 한 회장이 창업을 하려고 했을 때, 역시 여러 사람들이 만류했다. '늘그막에 조용히 보내지, 뭐 그렇게 어려운 일을 찾아서 하느냐'며 옷섶을 잡아당겼다. 그럼에도 한 회장은 창업을 택했고 성공했다.

창업이란 35세에 시작하면 가장 바람직한 것이 사실이다. 그러나 나이에 꼭 구애를 받을 필요는 없다. 나이가 아니라 의욕이 더 중요하다. 창업을 한다면 아예 나이를 잊어버리자. 나이보다는 BQ가 먼저다. 목표의식, 믿음, 실천능력…

35

짓는 것보다 사는 것이 낫다
─ 공장 매입 정보 ─

창업자는 공장을 짓기보다는 기존 공장을 매입하는 것이 낫다. 창업자가 땅을 사서 공장을 설립하려면 힘에 벅차기 때문이다. 보통 공장을 '매입'한다는 뜻은 공장건물과 동력 기반설비만 사는 것을 말한다. 생산시설 및 사업권까지 사는 것은 주로 '인수'라는 용어를 쓴다. 따라서 공장을 사러 나설 때는 공장부지 및 건물, 동력, 용수, 도로 등 다섯 가지를 기본적으로 살펴보아야 한다.

공장 매입방법

첫째, 희망하는 지역의 *부동산중개소*를 찾아나서자. 이 방법은 즉시 현물을 볼 수 있어서 좋다. 그러나 시간을 많이 뺏기는데다 다양한 매물을 볼 수 없는 것이 흠이다.

둘째, *신문이나 잡지* 등에 소개된 매각공장을 찾아보자. 이 경우에는 〈한국경제신문〉이 매주 화요일에 게재하는 기업매물을 활

BQ 창업시대

용하면 된다. 매주 수도권을 비롯 각 지방의 공장매물 10여 건이 등장한다. 감정가, 대지, 건평, 수의계약 가능 여부, 업종 등이 상세히 안내된다.

셋째, 각 *은행지점*의 관리계를 찾아가 보자. 예상 외의 매물들이 발견된다. 이곳에는 공장을 담보로 은행돈을 빌렸다가 갚지 못해 잡혀 있는 물건들이 수두룩하다. 특히 지난해 말부터 경기하락으로 휴폐업에 들어간 공장들이 매물로 숱하게 나와 있다. 〈중소기업은행〉에는 수도권에서만 〈목성전자〉〈명진단조공업〉〈두오〉〈동주요업〉 등의 공장매물이 수십 건 나와 있다. 〈국민은행〉도 마찬가지다. 이 중 일부 공장은 대금을 몇 차례로 나누어 매입할 수도 있다.

〈법원경매 절차〉

항 목	기 한	참 고 사 항
경매신청		부동산소재지 지방법원
경매개시결정	2일 이내	압류효력 발생
경매공고	14일 이내	시세, 교통 등 현지조사 및 토지대장, 등기부 등본 등 공부조사
경매실시	14일 이후	목록을 열람한 후 입찰에 참가
경락기일	7일 이후	경락허가 여부 결정
경락확정	3일 이내	소유권 취득(강제경매)
대금지급일 송달	10일 이내	
경락대금 납부통보	경락 1개월 이내	소유권 취득(임의경매) 취득세, 등록세 납부
인도명령		불응시 명도소송 및 소유권 이전 촉탁등기신청
배 당		공부정리

짓는 것보다 사는 것이 낫다

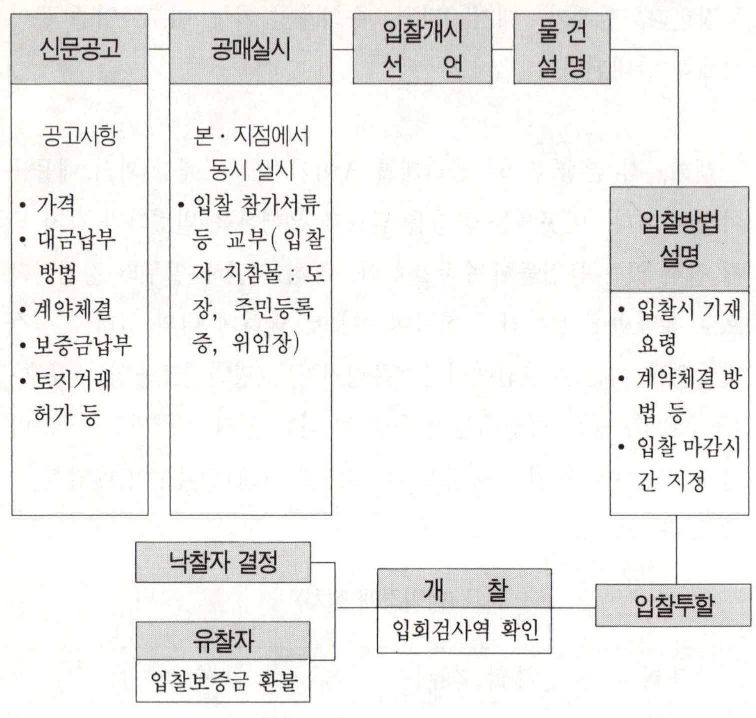

넷째, 법원이나 성업공사의 *경매*에 참여하는 것이다. 절차가 다소 까다로우나 싼값에 공장을 확보할 수 있는 것이 장점이다. 법원경매는 부동산 소재지의 지방법원이 신문에 경매공고를 하면 공고된 절차에 따라 신청하면 된다.

성업공사의 공매절차도 신문에 공고된다. 내용은 가격, 대금납부 방법, 계약체결 등이 포함된다. 이 공고절차에 따라 도장, 주민등록증, 위임장 등을 가지고 성업공사에 찾아가 입찰 참가서류를 받아 참가 여부를 결정한다. 이어 입찰방법에 대해 설명을 들은 뒤 입찰에 참가한다.

　경매와 공매에는 몇 가지 차이점이 있다. 경매는 공개경쟁인데
비해 공매는 서류입찰이다. 경매는 대금을 일시에 지불해야 하지
만 공매는 분할상환도 가능하다. 또 공매는 토지거래신고를 해야
하는 반면 경매는 토지거래허가신고를 하지 않아도 된다. 보통 큰
공장을 살 때는 공매가 유리하고, 작은 공장을 매입할 때는 경매
가 낫다고 한다.

〈경매와 공매의 비교〉

구　분	법원경매	성업공사공매
종　류	• 강제 및 임의경매 부동산	• 금융기관·대기업 비업무용 및 국세·지방세 체납부동산
입찰방법	• 공개경쟁 구술경매	• 서류입찰
명도책임	• 매입자	• 성업공사(압류부동산은 매입자)
토지거래허가신고서	• 의무 없음 (농지는 매매증명 필요)	• 의무 있음(단, 압류부동산과 5회 이상 유찰부동산은 면제)
대금지불방법	• 일시불	• 분할상환 가능
유찰시 감액가격	• 최초가액의 20％씩 계속 감액	• 전 공매가격에서 10％, 10％, 15％, 15％씩 4회 감액
유찰시 재공고	• 14일 이후	• 3개월 이후

　그러나 창업자로서는 어떤 방식으로 매입하는가가 중요한 것이
아니다. 매물로 나온 공장이 얼마나 좋은가에 관심을 갖는 것이
현명하다. 이들 네 가지 중 어떤 방법으로 사더라도 꼭 주의를 기
울여야 할 점이 있다.

 **공장 매입시 주의점**

첫째, 공장의 *하자* 유무를 잘 가려야 한다. 임차권자와의 관계, 토지 소유자와 공장 소유자의 일치 여부, 경매 관련 여부 등을 꼭 체크해 보자. 물론 저당권 또는 담보제공 여부를 알아 보는 것은 기본이다.

둘째, 기존 공장의 *용도*를 확인하자. 창업업종을 운영하는 데 제한 및 규제가 없는지를 알아 봐야 한다는 뜻이다.

셋째, *실제* 소유자가 개인인지 법인인지를 확인해야 한다. 이를 확인한 뒤 실제 소유자와 계약을 체결해야 말썽을 일으키지 않는다.

넷째, *대금의 지급방법과 날짜*를 계약서에 분명히 기재해야 한다. 이를 기재하지 않으면 선금이나 중도금을 주고 받는 과정에서 분쟁이 일어나는 일이 잦다. 적어도 이 정도만 챙기면 좋은 지역에서 값싼 공장을 찾아낼 수 있다.

36

남다른 성공조건 네 가지

사업을 시작하기는 쉽다. 다만 성공하기가 어렵다. 다섯 사람이 창업을 하면 한 사람 정도가 성공하는 것만 봐도 알 수 있다.

그렇다면 사업에서 성공하는 열쇠는 무엇일까? 각종 창업안내서를 살펴보자. 비슷한 성공조건이 나온다. 아이템을 잘 선택해야 한다, 자금조달을 잘 해야 한다, 사업계획을 철저하게 수립해야 한다, 판매처를 확보해야 한다는 등이다. 그러나 이런 성공조건은 개별 창업자에게는 큰 도움이 되지 않는다. 각자가 원하는 조건과는 너무나 동떨어져 있기 때문이다.

실제로 창업을 해서 중견으로 성장한 기업인들에게 성공의 조건을 직접 물어 봤다. 다시 창업을 한다면 가장 염두에 둬야 할 사항이 무엇인가를. 이들의 대답은 상식과는 달랐다.

 **창업 성공의 요건** ─────────────────────────

첫째, 회사원이 창업을 할 때는 *다니던 직장을 최대한 활용해야*

한다. 다니던 회사가 특정 용역이나 부품을 납품받는 등 거래관계가 있다면 이를 자신이 맡겠다고 나서 보라. 여러 사람에게 떠벌리지 말고 사장을 직접 찾아가 얘기하자. 대부분의 사장이 이를 들어 준다. 그 동안 성실하게 근무했다면 사장으로서는 누이 좋고 매부 좋은 일이라고 생각할 것이다. 왜냐하면, 회사로서는 식솔을 한 사람 줄일 수 있어 좋고 믿을 만한 사람과 거래해서 좋다는 판단을 하기 때문이다.

둘째, 공무원이나 월급쟁이로 창업을 할 때는 1년 정도 *사회적 응 기간*을 가져라. 회사원 생활을 하다 사표를 내면 한두 달 쉬는 것조차 무척 불안하지만, 사업하는 사람을 만나고 정해 놓은 아이템에 대한 조사와 공부를 하는 기간을 가지는 것은 낭비가 아니다. 특히 공무원 출신은 사람을 만났을 때 식사비용을 먼저 낼 줄 아는 매너라도 배운 뒤 시작해야만 한다. 이런 기간 없이 퇴직금을 투자하면 100% 떼인다. 적응기간 없이 투자한 퇴직금은 '남의 돈'이라는 점을 명심하자.

셋째, *분쟁*을 조심해야 한다. 샐러리맨이 창업을 하면 백발백중 사기를 당한다. 고의적인 사기를 당하지 않더라도 장기어음을 받았다가 부도를 당한다. 이때 살아나는 길은 오직 한 길뿐이다. 일찍 포기하는 것이다. "그 돈이 어떤 돈인데! 월급쟁이 15년 해서 겨우 모은 퇴직금을…" 이렇게 돈을 떼먹은 사람을 찾아다니다 보면 사업은 저절로 망하고 만다. 거듭 강조하지만 일찌감치 포기하라. 그 시간을 본사업에 투입하면 살아날 길이 생긴다. 분쟁에 휘말릴 때도 마찬가지다. 소송에 빼앗기는 시간을 기술개발이나 생산적인 부문에 쏟자.

넷째, 좀 *의롭게 시작*하라는 거다. 월급쟁이를 포기하고 사표를 낼 때는 보다 나은 일을 찾기 위해서다. 따라서 호구지책이나 자식의 공부를 위해 사업을 시작하지 않는 것이 바람직하다. 편법적인 방법이나 속임수를 쓰면 사업이 잘 되지 않을 때 견뎌내기 힘들다. 의롭게 시작하면 의연히 대처해 나갈 수 있어 결국에는 성공한다.

이들 중견 기업인들은 충고를 하면서도 사업을 해 보지 않은 사람들로서는 가슴에 와 닿지 않는 면이 있을지 모른다는 점을 꼭 곁들여 얘기한다. 그러나 막상 사업을 시작해 보면 이 얘기가 무슨 뜻인지 알게 된다고 덧붙인다. 역시 이들의 충고 중 가장 귀를 기울여야 할 것은 다니던 직장을 중시하라는 내용이다.
얼마 전 중진공이 창업지도용으로 창업성공의 요건을 조사했다. 이 자료에는 다른 창업조사와 전혀 다른 항목이 하나 있었다. 누구에게 도움을 받으면 성공을 하느냐는 것이 그것이다. 성공한 사람의 경우는 전 직장동료의 도움을 받은 경우가 대부분이었다. 반면 실패한 사람은 친구와 동창의 도움을 많이 받은 것으로 나타났다. 앞으로 창업을 하려면 현재 근무하는 직장에 충실하자.

먹는 장사가 남는다
— 음식점 —

일반 음식점과 주점의 인허가 기준이 어떻게 다른지 자주 질문을 받는다. 한 마디로 대답하자면, 양쪽 다 영업허가를 받아야 한다. 다만 시설기준이 서로 다르다. 음식점 관련 창업을 계획하는 사람이라면, 이런 기준을 상식적으로 알아두는 것이 좋다. 분식점, 다방, 휴게실, 식당 등 여러 가지 음식점을 통틀어 법률용어로는 '식품접객업소'라고 부른다.

이 식품접객업소는 크게 네 가지로 나뉜다. (1)휴게음식점 (2)일반음식점 (3)단란주점 (4)유흥주점 등이다.

우선 이 네 가지 음식점 중 휴게음식점과 일반음식점과의 차이를 살펴보자. 휴게음식점은 주류를 판매하지 못한다. 이에 비해 일반음식점, 즉 식당은 술을 팔 수 있다. 일반음식점은 객실(룸)을 설치할 수 있다. 그러나 휴게음식점은 객실을 둘 수 없다. 다만 객석에 1.5m 미만의 칸막이를 설치할 수는 있다. 그러나 칸막이를 두 면 이상 설치하면 안 된다.

휴게점은 차, 빵, 떡, 과자, 아이스크림 등을 판매하는 곳이다.

〈식품접객업 구분〉

구 분	내 용
휴게음식점 영업	음식류를 조리·판매하는 영업으로서 음주행위가 허용되지 아니하는 영업(주로 다류를 조리·판매하는 다방, 주로 빵, 떡, 과자, 아이스크림류를 제조·판매하는 과자점 형태의 영업을 포함한다.)
일반음식점 영업	음식류를 조리·판매하는 영업으로서 식사와 함께 부수적으로 음주행위가 허용되는 영업
단란주점 영업	주로 주류를 조리·판매하는 영업으로서 손님이 노래를 부르는 행위가 허용되는 영업
유흥주점 영업	주로 주류를 조리·판매하는 영업으로서 유흥 종사자를 두거나 유흥시설을 설치할 수 있고 손님이 노래를 부르거나 춤을 추는 행위가 허용되는 영업

따라서 피자, 아이스크림, 햄버거 등을 전문으로 취급하는 프랜차이즈도 휴게음식점 영업허가만 받으면 된다. 이들 네 가지 음식점은 모두 식품위생법 22조에 의해 각 시·군·구청의 위생과에서 영업허가를 받아야 한다. 영업허가를 받는 데 필요한 기본서류는 네 가지인데, 허가신청서, 영업시설개요, 시설 평면도, 위생교육 필증 등이다.

이들 서류를 갖추기 위해서는 먼저 기준에 맞는 시설을 설치해야 한다. 기준에 틀리는 시설을 설치하면 위생과에서 나와 여러 가지 간섭을 한다. 이런 불편을 겪지 않으려면 사전에 제대로 준비하는 것이 낫다.

일반음식점의 경우에 조리장은 손님이 내부를 들여다볼 수 있는 것이 원칙이다. 관광호텔 음식점은 조리실 내부가 보이지 않아도 된다. 조리장에는 살균소독기가 장치돼야 한다. 전기 살균소독기, 열탕 세척소독기 등을 갖추면 된다. 냉장시설도 갖춰야 한다. 지하수를 사용하려면 폐기물 처리시설 등 오염의 우려가 있는 시설과 20m 이상 떨어져야 한다. 조명시설은 식당과 유흥주점의 기준이 다르다. 식당은 밝기가 30룩스 이상이어야 하는데 비해 유흥음식점은 10룩스 이상이면 된다.

이들 시설기준에도 다소의 예외가 있다. 해수욕장 등 계절적 음식점과 농수산품 판매촉진을 위한 '풍물시장'에서 영업하는 경우는 기준이 덜 까다롭다. 백화점 안에서 음식점을 창업할 때는 별도의 칸막이를 설치하지 않아도 된다.

단란주점과 유흥음식점은 두 가지가 다르다. 유흥음식점은 우선 유흥 종사자를 둘 수 있고, 둘째 실내에서 춤을 춰도 된다. 양쪽 다 노랫소리가 외부로 들리지 않게 하는 것은 필수조건이다. 또 단란주점이든 유흥음식점이든 룸 안에 잠금장치를 설치하면 안 된다.

단란주점은 객실의 내부가 보일 수 있도록 투명유리로만 설치해야 한다. 단란주점에서 룸을 설치할 수 있는 면적은 객석 면적의 절반 이내여야 한다. 예를 들면, 20평짜리 단란주점을 차리면 룸의 면적이 6.5평 이하여야 한다. 유흥음식점은 유흥 종사자를 위한 무대나 공연장을 설치할 수 있다.

허가면적이 120m² 이상인 업소는 조리사를 둬야 한다. 집단급식소도 조리사가 있어야 한다. 단 중소기업자가 운영하는 집단급식소는 조리사가 없어도 된다. 복어를 요리하는 업소는 크기에 관계없이 조리사가 있어야 한다. 음식점 창업을 하기 전에 이런 내용을 염두에 두고 시설을 주문해야만 공연한 손실을 막을 수 있다.

$$38$$

채이는 돌도 돈이 된다
—'황금알'을 낳는 광업권—

〈대원〉의 박도문 회장(55)은 한때 사업을 하다 실패한 일이 있다. 이때 그를 다시 살려 준 것은 바닷가의 모래였다. 박 회장은 실업자 시절에 우연히 울진의 바닷가에 들렀다가 이 바닷모래가 성분 좋은 규사임을 발견한다. 울산에서 사업이 망하는 바람에 서울로 피신해 있던 때에 광업권 설정에 관한 경험이 조금 있었기 때문이었다. 이 규사는 철 구조물에 페인트를 칠하기에 앞서 샌딩을 하는 데 적합한 광물질이다.

박 회장은 즉시 이 모래에 대해 광업권 획득절차를 밟았다. 이는 〈현대조선〉에 선박 수주가 몰리면서 샌딩에 필요한 규사가 없어 쩔쩔매는 상황이 닥쳤을 때 큰돈이 됐다. 그는 이 모래를 팔아 재창업해서 9개 계열사를 거느린 현재의 〈대원그룹〉을 이루었다.

흔히 광업이라고 하면, 금이나 은, 구리, 철, 석탄 등 대규모 광산을 연상한다. 그러나 첨단산업이 나타나면서 소규모 특수광물의 수요가 계속 발생하고 있는 추세이다. 따라서 지질학 계통에 관심이 있거나 국내지리에 밝은 사람이라면 이 분야에 한 번 관심을 가져볼 만하다.

광업권이란, 일정한 구역 안에서 등록한 광물을 채굴하거나 획득할 수 있는 권한을 말한다. 존속기간은 25년이다. 국내에서 주요 광물로 꼽는 것은 약 25가지인데, 몰리브덴과 규조토, 석회석, 석면, 규석, 활석, 망간, 토륨 등이 여기에 속한다. 그 밖에 현재 우리나라에는 수천 종의 광물이 산재해 있다. 이들 중에는 특수 전자재페인트, 반도체, 화공약품 등의 소재로 활용될 수 있는 것이 많다고 전문가들은 밝힌다.

광업권 설정을 위한 광업권 출원업무는 통산산업부의 광업등록사무소에서 담당한다. 신청절차는 예상 외로 복잡하고 까다롭다. 때문에 광업분야에서 사업을 시작하려면, 시간적인 여유가 충분한 사람이어야 한다. 공무원으로 정년퇴직을 했거나 월급쟁이를 하지 않아도 될 만큼 금전적으로 여유가 있는 사람이라면 도전해 볼 만하다.

광업권을 신청할 수 있는 자격은 대한민국 국민이어야 한다. 외국인은 원칙적으로 자격이 없다는 뜻이다. 남자의 경우에 40세 미만은 병역 확인이 있어야 한다. 기초 구비서류는 다섯 가지인데, 광업권 설정 출원서(서식), 광물 채굴지점을 명시한 광구도, 광상설명서 등이다. 출원한 광업권에 대해 광업등록사무소는 6개월 이내에 처리하도록 돼 있다. 특히 기간 내 현장실사도 해야 한다. 광구의 설정을 위한 수수료는 11만 3,000원이다.

최근 들어 국내에서는 대부분의 광물을 수입해 쓰려는 경향이 있다. 채굴과 운반에 따른 비용부담 때문이다. 그러나 특수분야의 경우 국산 원료를 쓰는 것이 나은 경우가 많다고 전문가들은 귀뜸

한다. 석회석을 그냥 팔아넘기면 큰 값어치가 없으나, 이를 정제해 공급하면 엄청나게 비싼 값을 받을 수 있다는 것이다. 여기에 착안한 기업이 〈능전(주)〉이다.

종합 건자재업체인 〈금강〉이 판유리 분야에서 〈한국유리〉를 따라잡고 있는 것도 광업권 설정이 큰 도움이 됐다. 〈한국유리〉의 경우, 지금까지 판유리 소재를 모래로 된 규사를 썼다. 그러나 〈금강〉은 경기도 가평에 규석광을 개발하여 이 규석을 잘게 부수어 유리원료로 사용했다. 이 규석을 유리원료로 사용하려면 열을 가해야 한다. 모래인 규사보다는 깨진 규석의 경우 표면적이 넓어 열효율이 높다. 이 공법으로 원가절감의 효과를 얻은 것이 〈금강〉의 경쟁력의 밑바탕이 된 셈이다.

이제 광업권에 관심을 가진 사람이라면 등산을 하거나 여행을 할 때 채이는 돌부리까지도 눈여겨보자. 괜찮은 광물을 발견할지도 모른다.

'참모형' 인간은 지식을 팔아라
—상담사 설립—

중소기업의 경영이나 기술에 대해서는 속속들이 알면서도 막상 제조업체를 창업하기에는 버거운 사람들이 있다. 이른바 '참모형'인 사람들이다. 이런 성격은 제조업에 뛰어들기보다는 컨설팅 분야에서 창업을 모색해 보는 것이 좋다. 기름을 묻히며 실무를 쫓아다니기보다는 상담분야에서 출발하는 것이 낫다는 얘기다.

상담사를 차리기에 적합한 사람은 대학교수, 경영지도사, 변호사, 공인회계사, 금융기관의 직원, 기술사, 중소기업 관련 공무원, 경제단체 직원 등으로 다양하다. 특히 정부기관 및 금융기관, 조합협회 등에 근무하다가 정년퇴직 또는 조기퇴직을 한 사람들의 경우는 상담사를 설립해 볼 만하다.

상담사를 차리는 데는 큰돈이 들지 않는데다가 잘못되더라도 전 재산을 날리는 위험은 거의 없기 때문이다. 상담사를 차리는 방법은 두 가지이다. 창업지원법 규정에 따라 중소기업청에 설립을 등록하고 출발하는 방법과 주식회사를 설립하여 임의로 상담사를 열어 사업을 펴는 방법이다. 가능하다면 이들 두 가지 방법 중

<중소기업 상담회사 전문인력 요건>

경 영 분 야	기 술 분 야
1. 경영학분야의 박사학위 소지자	1. 자연과학분야의 박사학위 소지자
2. 대학 또는 사범대학에서 경영학을 강의한 전임강사 이상의 교원	2. 국가기술자격법에 의한 기술사 또는 기능장의 자격을 가진 자와 기사1급으로서 7년 이상 실무에 종사한 자
3. 전문대학에서 경영학을 강의한 조교수 이상의 교원	3. 대학 또는 사범대학에서 자연과학분야를 강의한 전임강사 이상의 교원
4. 변호사법에 의한 변호사	4. 전문대학에서 자연과학분야를 강의한 조교수 이상의 교원
5. 공인회계사법에 의한 공인회계사	5. 중소기업진흥 및 제품구매촉진에 관한 법률 제32조의 규정에 의하여 기술지도사로 등록을 한 자
6. 중소기업진흥 및 제품구매촉진에 관한 법률 제32조의 규정에 의하여 경영지도사로 등록을 한 자	6. 중소기업창업투자회사·중소기업상담회사·신기술 사업 금융지원에 관한 법률 제2조 제4호의 규정에 의한 신기술사업 금융회사에서 과장급 이상으로 5년 이상 근무한 자
7. 중소기업창업투자회사·중소기업상담회사 또는 신기술사업 금융지원에 관한 법률 제2조 제4호의 규정에 의한 신기술사업 금융회사에서 과장급 이상으로 5년 이상 근무한 자	7. 특정연구기관육성법에 의한 특정연구기관 및 국·공립연구기관에서 5년 이상 연구를 한 자
8. 제1호 내지 제7호에 정한 자와 동등 이상의 학력과 경험이 있다고 중소기업청장의 인정을 받은 자	8. 제1호 내지 제7호에 정한 자와 동등 이상의 학력과 경험이 있다고 중소기업청장의 인정을 받은 자

등록 상담회사로 시작하는 것이 바람직하다. 그래야만 창업지원기금에서 자금지원 혜택 등을 받을 수 있기 때문이다.

창업상담사의 등록요건을 살펴보자. 상담사는 먼저 납입자본금이 2억원 이상이어야 한다. 따라서 상담사를 차리려면 최소 2억원은 있어야 하지만, 이 납입자본금은 일시적으로 빌려서 활용할 수 있다.

이런 경우는 사무실 임대비용까지 포함해 약 7,000만원 정도면 설립 가능하다. 또 전문인력 5명 이상을 확보해야 한다. 이들 중 3명 이상은 상근이어야 한다. 전문인력이란, 경영분야에서 대학의 전임강사 이상(경영학), 경영학 박사, 전문대 조교수 이상, 변호사, 회계사, 경영지도사 등이다. 창투사, 상담사, 벤처 캐피틀 등에서 과장 이상으로 5년 이상 근무한 사람도 해당된다.

기술분야에서는 자연과학 분야 박사, 기술사, 기능장, 기사1급 등으로 7년 이상 실무에 종사했다면 가능하다. 전임강사 이상, 전문대 조교수 이상과 기술지도사도 해당된다.

등록 상담사가 할 수 있는 일은 예상 외로 다양하다. 상담사를 차리기로 마음먹은 사람이라면 이들 중 자신 있는 분야가 얼마나 많은지 눈여겨보자.

 ## 등록 상담사 업무

첫째, 상담사는 기업 또는 창업자를 위해 공장입지 및 아파트형 *공장을 설립하는 절차를 대행하는* 업무를 한다. 이 분야는 건축 전문가가 필요하다.

둘째, *창업 비즈니스센터*를 운영할 수 있다. 창업스쿨 등 교육 훈련사업도 펼 수 있다. 교육전문가를 확보하는 것이 마땅하다.

셋째, *컴퓨터 설비 자문*과 이에 따른 소프트웨어 개발공급업을 한다. 이 경우는 소프트웨어 개발 전문가를 구해야 한다.

넷째, *사업전환, 확장, 이전, 사업중개에 관한 용역사업*도 펼수 있다. M&A 전문가라면, 이 분야만으로도 사업을 확장할 수 있다.

다섯째, 창업지원 관련기관에 대한 *자금의 신청업무를 대행*해 줄 수 있다. 금융기관 출신은 여기에 초점을 맞추자.

여섯째, *시장조사 용역, 상품전시, 행사대행* 등 용역사업도 맡는다. 리서치 및 이벤트 분야 출신이 유리하다.

일곱째, *경영자문 및 세무회계 관련 서비스업*도 전개할 수 있다. 공인회계사, 변호사, 법무사, 세무사 등 자격자들이 이 분야를 많이 선택한다.

이들 용역 중 세 가지는 정부지원을 받을 수 있다. 지원대상 용역은 사업타당성 검토용역, 경영기술 지도용역, 창업절차 대행용역 등이다. 그러나 상담사의 성공 여부는 결국 충분한 고객의 확보에 달려 있다.

<중소기업 상담회사 명부>

상 담 사 명	주 소	전 화 번 호
(주)아더앤더슨코리아	서울 영등포구 여의도동 17-3	(02)767-9577
한국벤처상담(주)	서울 영등포구 여의도동 25-5	(02)783-0517
부산창업상담(주)	부산광역시 동구 초량동 1197-8	(051)463-6788/9
(주)유니코비즈니스써비스	서울 강남구 삼성동 159	(02)551-2726
한국창업지원(주)	서울 영등포구 여의도동 35-3	(02)784-2570
(주)산업개발컨설팅	서울 서초구 서초동 1473-10	(02)582-9964
한국기업상담(주)	서울 종로구 적선동 122-1	(02)734-6513/5
(주)동진컨설팅	서울 강남구 삼성동 140-6	(02)557-5227
(주)세룡컨설팅	광주광역시 북구 누문동 7-1	(062)223-2959
(주)영화컨설팅	서울 중구 태평로1가 25	(02)3700-6884
(주)동서기업컨설팅	대전광역시 중구 선화동 141-15	(042)254-3782
21세기비지니스컨설팅(주)	광주광역시 북구 문흥동 999-5	(062)261-8861/3
해동컨설팅(주)	광주광역시 서구 월산동 964-1	(062)366-4941/2
대구창업상담(주)	대구광역시 달서구 성당동 309	(053)651-8278/9
(주)한스비지니스컨설팅	전북 전주시 덕진구 서노송동 568-116	(0652)86-1560
(주)경남산업컨설팅	경남 창원시 용호동 4-2	(0551)63-1331/2
고려기업상담(주)	전북 전주시 덕진구 금암동 482-14	(0652)251-1981
(주)항도창업컨설팅	부산광역시 연제구 연산4동 730-16	(051)863-0009
대신기업상담(주)	전남 목포시 중동2가 1	(0631)44-3955
세종창업상담(주)	광주광역시 북구 풍향2동 605-1	(062)521-1500
(주)내외기업컨설팅	서울 종로구 통의동 108	(02)720-6871/2
한국기업평가(주)	서울 영등포구 여의도동 14-15	(02)782-3721
고려경영자문(주)	서울 송파구 잠실동 175-2	(02)421-9300/1
상지컨설팅(주)	서울 영등포구 신길7동 1351-3	(02)832-5001/2
(주)한국중소기업컨설팅	대구광역시 수성구 황금동 541-1	(053)765-6887
대경창업상담(주)	대구광역시 서구 범어동 45-5	(053)742-0611
동남창업상담(주)	경남 울산시 남구 신정동 1100-6	(0522)61-9100/1
중앙기업상담(주)	대전광역시 중구 오류동 154-4	(042)525-4283/5
하나창업상담(주)	전주시 덕진구 우아동3가 732-1	(0652)245-6656
(주)한국제일경영	서울 서초구 서초동 1364-42	(02)3474-2162/3
(주)국제기업상담	광주광역시 서구 화정동 336-5	(062)376-6007

상 담 사 명	주　　　소	전 화 번 호
기업지도기관 서울상담(주)	서울 서초구 서초동 1605-4	(02)598-2271/2
영남창업상담(주)	대구광역시 동구 신천3동 177-9	(053)751-3223
경상창업지원(주)	경북 경산시 중바동 882-2	(053)815-5050/2
제일기업상담(주)	서울 성동구 하왕십리 291-8	(02)298-6046/7
대한비지니스컨설팅(주)	경북 영천시 완산동 1000-71	(0563)34-9811
(주)중부기업상담	충북 영동군 영동읍 오탄리 517	(0414)44-8681
신보창업투자(주)	서울 영등포구 여의도동 27	(02)783-4784/9
(주)서일경제연구소	서울 동작구 대방동 387-1	(02)824-1561/5
국민기술금융(주)	서울 종로구 적선동 122-1	(02)736-0190
대한기업컨설팅(주)	광주광역시 서구 화정동 146-57	(062)363-0037
기은개발금융(주)	서울 강남구 역삼동 702-22	(02)554-3533
(주)천진중소기업종합컨설팅	대구광역시 동구 신천1동 1291-77	(053)422-2844
경기창업상담(주)	경기 수원시 팔달구 인계동 1039-6	(0331)222-3409
한신기업상담(주)	서울 강남구 논현동 203-1	(02)512-8338
대방창업투자(주)	전북 익산시 창인동1가 181	(0653)857-2266
영남기업컨설팅(주)	경북 경주시 동천동 787-12	(0561)771-5000
(주)미사미컨설팅	서울 서초구 서초동 1696-2	(02)592-6605
총 48개사		

보석도 패션이다
─ 액세서리 체인점 ─

큰돈을 들이지 않고 보석점을 차리는 방법이 없을까? 이런 고민을 하는 사람이라면 보석체인점을 차리는 것이 현명하다. 지금까지의 금은방 형태의 보석점보다 설치비가 적게 들고 위험부담도 낮다.

현재 국내에서 체인점 형태를 갖춘 보석 액세서리 브랜드는 여섯 가지가 있다. 〈우노예스〉, 〈이베레떼〉, 〈하우디〉, 〈루비나틴〉, 〈허리우드콜렉션〉, 〈쥬뱅크〉 등이다. 이들 체인점을 시작하는 데는 점포에 따라 차이가 있으나 최하 2,600만원에서 1억원 정도가 들어간다. 물론 점포 임대비는 뺀 액수다.

각 브랜드별로 보석점을 차릴 수 있는 요건을 알아보자. 〈우노예스〉는 〈LG그룹〉의 주식회사 〈보양〉이 지난 1990년부터 시작했는데, 취급상품은 다이아몬드, 반지, 목걸이 등이다. 표준 점포면적은 8평 이상이며, 희망 입지조건은 인구밀집지역이어야 한다. 현재 80여 개의 직영점과 취급점을 가지고 있다. 마진율 40%를 보장한다. 가맹비, 보증금, 로열티 등은 없다. 인테리어 비용은 평당 250만원 정도 든다. 총소요비는 1억원 정도이다. 문의는 주얼리사업부(538-0225)로 하면 된다.

〈이베레테〉는 〈고려아연〉의 주얼리 브랜드이다. 이 점포도 반지, 목걸이, 귀고리 등을 취급한다. 조건은 실평수 10평 이상이어야 하며 각 지역의 상권 중심지 및 신도시라야 한다. 현재 직영점 및 체인점은 30여 개이며 평균 38%의 마진을 보장한다. 인테리어비는 평당 230만원 전후이다. 초도상품비로 7,000만원이 소요되는데, 50%는 현금으로 내야 하고 나머지 50%는 10개월 분할로 결제할 수 있다. 전반적으로 우노예스보다는 비용이 약간 적게 든다. 총 소요자금은 7,000만원 선이다. 주얼리사업부(519-3453)에서 맡는다.

〈하우디〉는 지난 1991년에 생겨난 브랜드이다. 취급상품은 14K금 및 은으로 만든 이미테이션, 잡화, 시계까지 취급한다. 사전 시장조사를 한 뒤 체인점을 내준다. 직영점 및 체인점은 30여 개이고 평균 43%의 높은 마진을 보장하는 반면 평당 50만원의 보증금이 필요하다. 인테리어비는 다소 낮아 180~200만원 정도 든다. 초도상품비는 4,000만원이며 총 소요자금 7,000만원이면 된다.

〈루비나틴〉은 패션 액세서리를 지향한다. 젊은 디자이너들이 세련된 감각으로 만든 액세서리를 선보인다. 대학가 주변 및 유동인구가 많은 지역에서 유리하다. 가맹비, 보증금, 로열티 등은 없다. 초도비용은 3,000만원 선이며 마진율은 40~50% 선이다. 시설비가 1,500만원 정도 들어간다. 소요자금은 3,000만원으로 가능하며 5,000만원이면 충분하다. 초도상품비가 3,000만원 정도 든다. 영업부(565-3377)로 문의해 보자.

〈허리우드컬렉션〉도 액세서리를 취급한다. 지난 1994년부터 개점하고 있다. 10대에서 50대까지 다양한 고객을 끌 수 있는 상품을 다룬다. 평당 50만원의 인테리어비용을 포함하여 4,500만원이면 차릴 수 있다.

〈쥬뱅크〉도 18K 골드 주얼리로 세력을 넓혀 가는 점포이다. 희망 입지조건이 가장 덜 까다로운데, 2층 이상 건물에도 입주할 수 있는 것이 장점이다. 전국에서 구 단위로 점포를 열어 나가고 있다. 가맹비 100만원, 보증금 500만원, 로열티 2%이다. 시설비는 점주의 협의에 따라 다르다. 총 소요자금이 2,600만원 선으로 가장 낮은 가격에 보석 체인점을 열 수 있다.

남다른 기술에는 돈이 따른다
─ 신기술 창업자금 ─

창업 가이드를 해 오면서 갖가지 문의를 많이 받았다. 그 중에서도 가장 많은 질문은 역시 돈을 조달하는 방법에 관한 것이었다. 남다른 기술을 가졌는데, 자금을 조달할 방법이 없겠냐는 것이다.

신기술을 기업화하기 위해 돈을 빌리는 방법이야 수없이 많다. 그렇지만 역시 정공법은 은행돈을 쓰는 방법이다. 은행 중에서도 중소기업 전담 은행의 돈을 쓰는 것이 가장 유리하다. 바로 〈중소기업은행〉과 〈국민은행〉의 돈을 쓰라는 것이다.

물론 은행을 찾아가더라도 돈을 대출받으려면 담보를 요구하거나 신용보증기금의 보증서를 가져올 것을 제안한다. 다만 이들 은행은 정책상 별도로 신기술 대출상품을 마련했다. 이런 내용을 사전에 알고 찾아가면 기술을 가진 창업기업에 적합한 상품을 고를 수 있다.

먼저 〈기업은행〉이 제시하는 상품을 보자. 이 은행의 대출상품 중 기술을 가진 창업자가 활용하기에 적합한 자금은 창업지원자금, 기술력 담보자금, 사업장 임차자금 등이다. 먼저 창업자금은 설립한 지 3년 이내이면 대출받을 수 있다. 대상 업종은 제조업 및 건축, 엔지니어링, 정보처리, 컴퓨터 운용 관련사업 등으로, 융자한도는 운전자금 2억원, 시설자금 5억원이다.

최근 〈기업은행〉이 신기술 보유기업을 위해 새로 마련한 것이 기술력 담보대출이다. 여기에는 신기술 마크 획득업체 및 국산 신기술 마크 인증업체, ISO9000 인증업체, 중기청 추천 신기술업체 등이 해당된다. 융자한도는 시설자금 20억원에 운전자금 10억원이며, 특히 기술평가에서 60점 이상이면 1억원까지 무보증 대출이 가능하다. 80점 이상이면 3억원까지 무보증대출을 받을 수 있다. 특허권을 보유한 기업은 특허권을 담보로 10억원까지 신용대출을 받을 수 있다. 다만 이 자금은 구비서류와 대출절차가 복잡한 것이 흠이다.

자기 사업장을 갖지 못한 영세기업이 사업장 임대를 위해 빌릴 수 있는 돈이 사업장 임차자금이다. 이는 1억원 이내의 돈을 3년 동안 빌릴 수 있다. 이들 자금에 관한 문의는 〈기업은행〉 여신기획부(729-6772)로 하면 된다.

〈국민은행〉도 우수기술을 사업화하지 못해 고민하는 기업들에게 자금을 지원하는 상품을 마련했다. 우수기술 보유업체 자금지원 대상은 일곱 가지이다. NT마크 획득업체, 100PPM 획득업체, KT마크 획득업체, 특허권 보유업체, 국가기관 인정 신기술 보유기업 등이다. 이들 중 60점 이상을 받아야 신용대출을 받을 수 있다. 40점 이상이면 담보를 제공해야 한다. 지원한도는 소요자금의 100% 까지이다. 증서대출이면 대출기간이 10년, 상호부금대출이면 60개월까지 가능하다. 이는 운전자금도 소요자금의 전액을 빌려 준다.

〈국민은행〉에서 무보증으로 돈을 빌리려면 〈기업은행〉에서 그러는 것처럼 특허권을 담보로 할 수 있다. 특허권 담보대출은 기업신용평가표 60점 이상인 기업이어야 한다. 지원한도는 시설 10억원, 운전자금은 5억원까지다. 이의 대출을 위해서는 사업성 평가서를 작성하여 제출해야 한다. 은행측에서 대출심사를 거쳐 특허권에 대한 권리보전을 설정한 뒤 돈을 내준다. 이 자금은 국민은행 중소기업팀(317-2385)으로 문의하면 된다.

중소기업은 외롭지 않다
— 중소기업진흥공단, 중소기업협동조합중앙회 —

기업을 설립하고 나면 각종 애로사항이 생긴다. 이때는 유관기관을 찾아가 상담을 해 보는 것이 좋다. 그럼에도 기업을 설립한 지 2~3년이나 되는 기업들조차 예상 외로 지원기관에서 무엇을 해 주는지 모르는 경우가 많다. '유관기관에서 도대체 지원해 주는 게 뭐 있느냐'는 식이다. 결코 그렇지만은 않다. 창업자로서는 지원기관을 무조건 등한시하기보다는 이를 효율적으로 활용하는 것이 현명하다.

중소기업 지원기관은 크게 정부, 지자체, 금융기관, 유관기관 등으로 매우 다양하다. 그러나 여기서는 가장 핵심적인 지원기관인 '중소기업진흥공단'과 '중소기업협동조합중앙회'에 대해 알아보자.

중소기업진흥공단은 연간 2조원의 구조개선자금을 지원하는 곳이고, 중소기협중앙회는 협동조합을 통해 연간 3조 5,000억원어치의 단체 수의계약 물품을 정부 및 공공기관에 납품할 수 있도록 해 주는 곳이다. 이 두 가지 사실만 보더라도 양 기관이 중소기업에 대해 지원하는 일이 어느 정도 규모인지 짐작이 간다.

그러나 양 기관은 성격이 크게 다르다. 두 기관 모두 특별법에 의해 설립된 기관이지만, 중진공은 정부의 중기시책을 시행하는 정부측 기관이고, 기협중앙회는 업종별 기업인들이 자발적으로 설립한 업계측의 경제단체인 것이다.

먼저 중진공의 지원내용부터 살펴보자. 중진공의 중요 지원사업으로는 중소기업 구조개선사업을 비롯 협동화, 정보화, 입지지원, 지도연수, 창업보육, 국제협력지원, 농공단지지원 등의 사업을 들 수 있다.

이 중 창업자가 눈여겨봐야 할 사업은 구조개선, 정보화, 창업보육, 지도연수 등 네 가지라고 할 수 있다. 구조개선이란 제조업 전업률이 50% 이상인 기업에 장기저리로 자금을 지원토록 추천해 주는 사업이다. 업체당 40억원까지 연 7%로 지원한다. 단, 이 자금은 공장등록증이 있어야 활용할 수 있으므로 창업자가 이용하기에는 버거운 것이 흠이다.

정보화사업은 컴퓨터 설비와 관련된 기기를 도입할 때 자금을 지원해 주고 네트워크 설치를 도와 주는 것이다. 업체당 5억원까지 지원한다. 창업보육사업은 안산, 전주, 광주 등 7개 창업보육센터에 입주할 수 있도록 지원해 주는 것을 말한다. 현재 대구 및 원주보육센터가 입주자를 물색 중이다.

소프트웨어 개발업체를 창업하려는 사람은 여의도 중진공빌딩에 있는 소프트웨어보육센터를 활용하는 것이 좋다. 또 기술개발 및 공정개선, 판로확보 등에 어려움을 겪고 있는 창업자는 중진공 지도단을 찾아가 보자. 중진공은 여의도 MBC 건너편에 있다.

1층 현관을 열고 들어가 왼편에 있는 상담실(769-6634~5)에서 안내를 받으면 된다. 중소기협중앙회도 여의도에 있다.

창업을 한 뒤 제도상의 어려움이나 판로확보를 하려면 이곳을 찾아가 보자. 판로확보를 위해서는 창업자의 생산품에 적합한 협동조합에 가입한 뒤 단체 수의계약에 참여할 수 있는 기회를 찾는 것이 정석이다.

그러나 즉시 판매실적을 올리고 싶을 때는 여의도 종합전시장(761-6100)을 찾아가 상담해 보는 것이 낫다. 3,280평 규모의 이 전시장은 상설 할인점 등을 운영한다. 창업자는 이 전시장이 기획하는 특별판매전 등에 참여해 초기 매출을 극대화하는 것이 괜찮은 방법이다.

창업 초기에 부도어음을 받는 것이 두려울 때는 기협중앙회가 운영하는 공제사업기금에 가입하는 것이 상책이다. 이 기금에 가입하면 부도어음에 대해서도 무이자, 무보증으로 보상해 준다. 장기어음을 받았을 때는 할인혜택도 준다.

여의도에 나가야 할 일이 생기면 이들 양 기관에 들러 여러 가지 기업정보를 파악해 보자.

싼값에 공장 짓고 세제 혜택도 받고
— 산업단지(농공단지) 입주 —

창업자가 공장을 차리려면 뭐니뭐니 해도 산업단지에 입주하는 것이 좋다. 물론 창업자로서 산업단지에 입주하기란 쉬운 일이 아니다. 땅값이 비싸서 엄두를 못 낸다.

그러나 농공단지 중에서 잘 골라보면 값싼 곳이 더러 있다. 평당 1만원짜리가 있다면 누구라도 구미가 당길 것이다. 1,000평을 구하더라도 1,000만원이면 가능하니까 말이다. 실제 그런 곳이 있다. 강원도 정선군이 분양 중인 함백농공단지의 분양가는 평당 1만원이다. 이 단지는 8만 1,000평이 분양됐고 1만 6,000평이 남아 있다. 이 곳에 입주하기를 바라는 사람은 정선군청(0398-60-2351)으로 문의하면 된다.

현재 전국에 분양 중인 산업단지는 약 70여 개로서, 이들 중 국가산업단지가 9개, 지방산업단지 20개, 농공단지가 40여 개 된다.

이들 중 국가공단은 군산, 대불 등 서남권에 많다. 평당가격은 대불단지가 24만 3,000원에 이르는 등 대부분이 20~30여 만원 선이다.

지방공단은 평택단지가 43만원, 충북 증평이 36만원, 대전 4단
지가 49만 5,000원, 평택 한산이 38만원 등이다. 중부권에 있는
지방산업단지는 이처럼 비싼 편이다.

이에 비해 농공단지는 중부권에서도 낮은 가격에 나온 것이 많
다. 서천(0459-950-4353)이 9만 4,000원 선인데, 15만평이 분양
되고 4만 7,000평이 남았다. 보령(0452-30-2353)은 10만 2,000원
선이다. 중부권에서는 청양 비봉단지(0454-40-2353)가 가장 싸다.

경북지역의 경우는 대부분의 농공단지가 낮은 가격이다. 경북
북부에 위치해 있어서 교통이 불편한 탓인 듯한데, 이곳은 평당
6~9만원 선이다. 현재 분양 중인 곳은 상주 화동, 상주 합창, 안
동 풍산, 상주 화서, 영주 휴천 등이다. 경북에서 가장 땅값이 낮
은 단지는 예천(0584-650-3355)이다. 평당 3만 5,000원 선이고,
현재 약 3만평 정도가 남아 있다.

경남지역의 농공단지는 입지여건이 좋아 가격이 비교적 높다.
대부분 평당 11~23만원 선으로, 밀양 초동, 함양 수동, 의령 등
에 매물이 나와 있다.

서남권으로 가면 구례, 나주, 무안, 보성, 무안, 고창 등에서
농공단지를 분양하고 있다. 서남권에서는 함평(0616-22-5000)이
평당 8만 2,000원으로 가장 낮은 가격에 분양되고 있다. 이밖에
자세한 사항을 알고 싶을 때는 각 지역의 군청에 전화문의를 해
보면 된다.

농공단지에 입주하면 자금지원 혜택이 주어진다. 중소기업진흥
공단이나 농수산물유통공사(식품제조업의 경우)에서 적합판정을
받은 뒤, 시·군에 입주계약을 체결하고 은행에 자금지원을 신청

하면 된다. 자금의 지원한도는 시설자금 7억원, 운전자금 2억원으로, 대출금리는 연 6.5%이다.

이 같은 자금지원 혜택이 있음에도 요즘 농공단지에 입주한 기업 중 상당수가 경영난을 겪고 있다. 이는 당초 설비자금이 과다하게 들어간 탓에 자금의 회수기간이 길어진 데 따른 것이다. 따라서 농공단지에서 창업을 하려면 장기적인 자금계획을 철저히 짜야 한다. 또 자금의 회전기간이 짧은 품목을 선택하는 것이 바람직하다.

농공단지에 입주하면 세제의 혜택도 받는다. 법인세 또는 소득세를 처음 5년간 50%나 감면받는다. 등록세와 취득세는 완전 면제다. 재산세와 종합토지세도 5년간 50%만 내면 된다.

괜찮은 제조업 아이템이 있다면, 너무 대도시 안에서만 공장자리를 찾으려고 하지 말고 농공단지로도 눈을 한 번 돌려 보자.

품질표시 / 안전검사

요즘 신제품으로 인기를 끌고 있는 화장비누 '쎄리온'의 뒷면을 살펴보자. 뒷면에 품질표시란이 나온다. '품명 화장비누. 중량 수분 포함 110g. 제조연월일 1997년 6월. 공장도가 3,800원(부가세 포함). 권장소비자가 4,500원. 제조원 효창쎄리온' 이런 품질표시는 쎄리온 비누에만 붙어 있는 것이 아니다. 모든 화장비누에 붙어 있다.

제조업분야에서 창업을 하는 사람들은 자신이 만들어야 하는 품목이 품질표시 품목인지 아닌지를 꼭 알아야 한다. 표시품목인데도 표시를 하지 않거나 허위로 표시하면, 중소기업청의 단속에 걸려 벌금형 등 제재를 받는다. 현재 품질표시를 해야 하는 공산품은 모두 7개 분야에 47개 품목이 있다. 이들 47개 품목은 대부분 창업 아이템으로 적합한 업종들이다. 따라서 사업을 시작하기 전에 품질표시를 해야 하는 품목을 알아둬야 한다.

'별표'의 품목들을 눈여겨보아 두자. 품질표시는 원칙적으로 한글로 써야 한다. 다만 거래상 필요한 경우에는 외국어를 병기할 수 있다. 방법은 낱개마다 떨어지거나 지워지지 않게 해야 한다. 포장을 할 경우는 포장에도 표시한다. 보조방법으로 태그(꼬리표)을 써도 된다.

창업자에게 품질표시 이상으로 염두에 둬야 하는 것은 안전검사다. 안전검사는 소비자 등의 신체나 생명에 영향을 줄 수 있는 품목을 해당기관으로부터 검사받아야 하는 것이다. 안전검사에는 사전검사 품목과 사후검사 품목이 있다. 사전검사 품목으로 검사한 결과 합격되면 '검'자 마크를 부착한다. 이를 지키지 않고 시중에 유통하면, 생산업체는 물론 유통업체도 행정규제를 받는다. 사전검사를 하는 기관은 4개 기관이 있다.

창업자들은 일단 '생활용품시험연구원'의 검사대상 품목을 잘 알아두자. 창업관련 품목이 많기 때문이다. 이곳에서는 유모차, 보행기, 작동완구, 공기주입 물놀이기구 및 보트, 승차용 및 운동용 안전모, 외줄 롤러스케이트 등을 검사한다.

'화학시험연구원'에서는 재생타이어, 건전지, 자동차 안전유리, 압력냄비, 압력솥 등에 대해 검사를 받아야 한다. 라이터, 안경테, 빨래걸이, 헬스 기구, 일반 완구, 아동용 자전거 등은 사후검사 품목이다. 상세한 사항은 '국립기술품질원'의 생활용품안전과(0343-84-1565)로 문의하면 된다. 품질표시나 안전검사는 모두 창업을 한 뒤 시제품이 나오자마자 절차를 밟도록 하자.

품질표시 대상품목

(1) 섬유제품(8개 품목) : 실, 원단, 솜 외 의류, 중의류, 다

운 의류, 한복, 기타 섬유제품.

(2) 화학제품(15개 품목) : 세탁용 비누, 화장지, 화장비누, 연질염화비닐(PVC), 호스, 접착테이프, 유리제 주방용품 및 식탁용품, 도자기제 주방용품 및 식탁용품, 합성수지제 주방용품 및 일반용품, 가정용고무장갑, 표백제, 이화학용 유리기구, 방청제, 1회용 아기기저귀, 합성수지제 필름, 가정용 습기제거제.

(3) 생활용품(12개 품목) : 스케이트보드, 칫솔, 가구류, 젖병, 우산 및 양산, 싱크대, 테니스 라켓, 배드민턴 라켓, 낚싯대, 낚시용 릴, 직물제 포대, 도자기질 타일, 시멘트.

(4) 귀금속 가공상품(4개 품목) : 목걸이, 반지, 수저, 기타 귀금속 가공상품.

(5) 기계제품(3개 품목) : 수공구, 자동차, 기관용 공기청정기 여과제, 자동차 가솔린기관용 1회용 오일필터.

(6) 전지 / 전자제품(3개 품목) : 직류(DC)용 라디오, 스피커시스템, 테이프류(오디오 카세트테이프, 비디오테이프).

(7) 금속제품(2개 품목) : 주방용 알루미늄박, 철근.

빚을 받아야 내가 산다
―압류/가압류―

장사를 하다 보면 외상값을 갚지 않고 버티는 사람을 자주 만나게 된다. 돈을 내놓으라고 다그쳐도 들은 척도 않는다. 도망가거나 재산을 도피시킬 준비를 하기도 한다. 이 같은 황당한 일을 당하면 창업자로서는 어떻게 해야 할지 곤혹스럽다.

이럴 때는 어쩔 수 없이 '강제처분'이라는 방법을 쓰는 수밖에 없다. 다시 말해, 법원의 결정에 따라 채무자의 재산이나 채권을 처분해야 한다.

강제처분은 크게 두 가지로 나뉜다. 압류와 가압류이다. 압류는 채무자의 재산이 다른 사람에게 넘어가지 않도록 조치하는 것을 말한다. 이에 비해 가압류는 채무자가 재산을 미리 처분하지 못하도록 하는 것이다.

법원의 확정판결을 받은 부동산이나 유체동산에 대해서는 '압류 딱지'가 붙는다. 그러나 창업자들이 잘 알아둬야 할 가장 중요한 사항은 채무자의 채권에 대한 가압류 절차다. 가압류는 채무자의 명의가 없어도 된다. 채권으로 강제회수 절차를 받으려면 일단 공증을 받는 것이 좋다. 부도난 어음이나 수표, 차용증, 현금보관증, 지급각서, 물품 계약서 및 납품 확인서만 있으면 법원은 별도의 변론 없이 채권자가 제출한 서류만으로 신속하게 가압류 명령을 내린다.

가압류가 된 부동산에 대해서는 등기부등본에도 가압류라고 표시된다. 특히 다른 사람이 가압류한 부동산도 추가로 가압류할 수 있다. 한 건의 부동산에 여러 사람이 가압류한 경우, 근저당을 새로 설정한 뒤 부동산을 처분하여 채권금액에 비례해 배분한다.

그러나 가압류만으로는 채무명의를 획득하지 못했기 때문에 직접 경매처분을 할 수는 없다. 따라서 가압류 신청을 할 때는 채무명의을 얻을 수 있는 지급명령도 같이 신청하는 것이 좋다. 채무자가 다른 사람에게 받을 빚이 있는 경우는 추심명령을 활용하면 된다. 추심명령이란, 채무자의 채권을 이어받아 대신 돈을 받을 수 있는 권리이다. 추심명령에 의해 받은 돈은 법원에 신고해 다시 배당을 받아야 한다. 배당을 받기 전 다른 사람이 여기에 압류를 해 올 경우는 돈을 나눠 가져야 한다.

그 밖에 채무자의 예금, 봉급, 퇴직금 등도 압류할 수 있다. 이 경우는 법원이 은행이나 채무자 근무회사, 채무자의 물건을 산 회사 등에 압류명령을 송부할 때 가능하다.

그러나 빚을 받아내기 위해 법원을 드나들기 시작하면 엄청나게 많은 시간을 뺏긴다. 따라서 강제처분에 의존하기 전에 최대한 돈을 먼저 받아내도록 힘을 써야 한다. 피할 수 없는 사고로 돈을 갚지 못해 애걸을 할 경우는 서로 원수지지 않도록 유보기간을 주는 것도 때로 필요하다.

빚을 놓고 서로 감정이 격앙되면 오히려 손해를 보는 것이 현실
이다. 때문에 창업자는 평소 빚이 많은 사람이나 신용이 좋지 않
은 사람과는 처음부터 거래관계를 트지 않는 것이 바람직하다. 외
상값을 받지 못해 부도를 내는 기업이 예상 외로 많다는 점을 명
심하자.

BQ 창업시대

지은이 / 이치구
펴낸이 / 박용정
펴낸곳 / 한국경제신문사
등록 / 제2-315(1967. 5. 15)
제1판 1쇄 인쇄 / 1997년 11월 25일
제1판 1쇄 발행 / 1997년 11월 30일
주소 / 서울특별시 중구 중림동 441
출판부 / 3604-553~8
출판영업부 / 3604-595~7
FAX / 360-4599

＊ 파본이나 잘못된 책은 바꿔 드립니다.
ISBN 89-475-2231-7

값 6,000원

강대국의 흥망

폴 케네디 著
李日洙·全南錫·黃建 共譯
〈양장 / 628면 / 13,000원〉

역사학자이자 미국 예일대 교수인 저자는 이 책에서 지난 5세기 동안에 전개되었던 강대국들의 흥망성쇠는 그들의 경제력과 군사력의 변화 추이에 의해서 좌우되어 왔다고 진단하면서 앞으로 다가오는 21세기에는 미국·소련·서유럽 등의 쇠퇴와 중국·일본 등 아시아 강국들의 부상을 예언하고 있다. 〈뉴욕타임스 선정 최우수 도서〉

21세기 준비

폴 케네디 著
邊道殷·李日洙 譯
〈양장 / 500면 / 9,000원〉

우리에게 충격을 던졌던 「강대국의 흥망」 저자 폴 케네디 교수가 다가올 21세기 문명세계의 각종 위기를 명쾌히 분석·정리한 力著. 이 책은 향후 30년 사이 우리에게 닥칠 도전들과 그 대응방법 그리고 인구폭발, 환경오염, 생물공학, 로봇, 통신수단, 가공할 파워의 양태 등을 특유의 통찰력으로 분석·예견하고 있다.

메가트렌드 2000

존 나이스비트 외 共著
金弘基 譯
〈양장 / 444면 / 9,800원〉

90년대는 정치개혁과 경이적인 기술혁신 등으로 인류에게 지금까지와 전혀 다른 변화양상을 안겨줄 것이다. 이 책은 90년대의 변화로 경제호전, 예술의 번영, 시장사회주의의 출현, 복지국가의 쇠퇴 등, 과거 어둡고 비관적인 세기말적 변화보다는 밝고 새로운 흐름을 부각시키고 있다.

메가트렌드 아시아

존 나이스비트 著
홍 수 원 譯
〈양장 / 402면 / 9,500원〉

미래예측가로 세계적 명성을 떨치고 있는 나이스비트는 21세기에는 아시아가 미국주도의 상품과 소비시장에 가장 중요한 경쟁자로 떠오를 것으로 내다보고 현재 역동적으로 변화하는 아시아의 모습을 8가지 트렌드로 분석했다. 특히 아시아와 세계라는 맥락 속에서 한국에 나타나고 있는 폭넓은 변화들을 살펴보고 한국이 아시아에 기여할 수 있는 방안도 짚고 있다.

20세기를 움직인 思想家들

기 소르망 著
姜偉錫 譯
〈신국판 / 426면 / 8,000원〉

20세기 사상계에 결정적인 영향을 끼친 사람들은 과연 누구인가? 프랑스의 저명한 경제학자이자 사회학자인 기 소르망이 29명의 생존해 있는 현대 최고의 사상가들과 직접 인터뷰를 통해 그들 자신이 선택한 분야에 전생애를 바친 사상과 사색의 놀라운 통찰을 기록·정리한 「살아있는 도서관」.

資本主義 종말과 새 世紀

기 소르망 著
金廷銀 譯
〈양장 / 628면 / 13,000원〉

세계적인 석학인 저자는 자본주의 체제를 위협하는 것은 「도덕적 불만」과 「자본주의에 대한 몰이해」라고 주장하고 러시아·중국·독일·인도 등 20여개국의 자본주의의 현재 모습을 생생히 그리고 있다. 또한 현재의 자본주의의 위기를 극복하기 위한 구체적인 실천방안에 대해서도 통찰하고 있다. 방대한 분량인데도 르포형식이어서 전혀 지루하지 않다.

미래기업

피터 드러커 著
高柄國 譯
〈양장 / 416면 / 9,500원〉

우리 시대의 가장 뛰어난 사회·경영학자이자 미래학자인 드러커의 「변혁시대 기업생존전략 연구서!」 이 책은 세계경제가 빠르게 바뀌어 감에 따라 기업의 새로운 생존 경영전략 모델, 즉 기업이 살아남기 위한 5가지 변화조건을 예리하게 분석·고찰했다. 특히 사회·경제학 시각에서 세계경제 흐름을 통찰한 力著.

자본주의 이후의 사회

피터 드러커 著
李在奎 譯
〈양장 / 328면 / 7,000원〉

사회주의권의 급격한 몰락 이후 탈냉전 분위기가 고조되고 있는 시점에서 향후 세계 변화가 주요 관심사로 떠오르고 있다. 저자는 이 책에서 향후 세계는 자본주의적 시장구조와 기구는 그대로 존속되겠지만 주권국가의 통제력은 약화되고 전문지식을 갖춘 지식경영자 중심의 글로벌화 사회가 될 것으로 예측하고 있다.

미래의 결단

피터 드러커 著
이재규 譯
〈양장 / 408면 / 9,000원〉

현대 경영학의 대부, 피터 드러커는 이 책에서 「스스로를 다시 생각함으로써 회생할 수 있다」고 전제하고 기업의 5가지 치명적 실수, 가족기업을 경영하는 규칙, 대통령을 위한 6가지 규칙, 새로운 국제시장의 개발, 3가지 종류의 팀조직, 오늘날 경영자들이 필요로 하는 정보 등 바람직한 미래를 실현하기 위한 방안을 제시했다. 21세기를 위한 새롭고 시의적절한 경영지침서.

비영리단체의 경영

피터 드러커 著
현영하 譯
〈신국판 / 406면 / 8,000원〉

선진국에서는 학교, 자선단체 등 비영리단체의 경영혁신이 선풍을 일으키고 있다. 이 책은 필자가 교수생활을 하면서 비영리단체에서 봉사했던 경험을 바탕으로 조직관리, 예산 등 경영전반에 대한 문제점을 심도있게 분석하고 개선방안을 제시했다. 전문가들과의 대담을 통해 경영의 효율성을 높이기 위한 여러가지 방안이 눈길을 끈다.

트러스트

프랜시스 후쿠야마 著
구승회 譯
〈양장 / 500면 / 12,000원〉

한 나라의 경제는 규모만으로는 설명될 수 없고 문화적 요인이 중요하다. 이 문화적 요인이 사회적 자본이며 가장 중요한 덕목이 바로 신뢰다. 저자는 이 책에서 개인주의, 가족주의에 기반을 둔 저신뢰 사회의 특성을 혹독하게 비판하면서 건강한 사회가 되려면 공동체적 연대와 결속의 기술을 터득해야 하며 신뢰는 경제와 사회, 문화를 아우르는 놀라운 가치라고 강조한다.

코피티션

배리 J. 네일버프·아담 M. 브란덴버거 著
김광전 譯
〈양장 / 384면 / 9,000원〉

비즈니스 게임은 끊임없이 변하므로 전략도 당연히 변해야 한다. 경쟁(competition)과 협력(cooperation)에 관한 과거의 법칙들을 넘어서서 양자의 장점을 결합한 코피티션 전략은 기존의 비즈니스 게임을 혁신할 혁명적인 신사고다. 저자들은 게임 자체를 변화시켜서 이득을 최대화하는 방법을 보여주는 5가지 요소(전략의 PARTS)의 비즈니스 전략을 체계적으로 제시했다.

지구의 변경지대

로버트 케이플런 著
황건 譯
〈양장 / 582면 / 12,000원〉

베일에 가려져 있던 서아프리카에서 중동을 거쳐 러시아의 외곽지대인 중앙아시아, 중국, 인도를 거쳐 캄보디아, 태국, 베트남에 이르는 대장정을 끝내고 저자가 내린 결론은 한마디로 암울하다는 것이다. 이 책은 저자가 새로운 분쟁지역으로 떠오르고 있는 지구 곳곳을 다니면서 문제점을 지적하고 혼란에 빠진 이들에게도 따뜻한 시선을 보내자고 제안하고 있다.

회사인간의 흥망

앤소니 샘슨 著
이재규 譯
〈양장 / 490면 / 9,800원〉

이 책은 17세기 동인도회사에서 현재의 마이크로소프트사에 이르기까지 기업의 변화과정과 직장인들의 문화변천사를 통해 회사인간이란 무엇인가를 규명했다. 생생한 인물묘사와 인터뷰, 사례를 곁들이면서 전혀 도전받을 일이 없을 듯이 보였던 「기업관료들」이 어떻게 레이더스, 모험기업가, 일본의 경쟁자들, 컴퓨터, 여자회사인간들에 의해 차례차례 공격당했는가를 밝히고 있다.

금융시장 예측

김성우 著
〈양장 / 452면 / 12,000원〉

주식, 금리, 상품 등의 현물시장은 물론 선물 및 옵션 등의 파생상품시장에서도 생존할 수 있는 방법을 다양하게 제시하고 있다. 20여년간 외환시장 등 다양한 시장에서 딜러, 투자가, 분석가로 활동하며 풍부한 현장경험을 가지고 있는 저자가 시장상황에 따른 기술적 지표의 요령과 심리적 동요의 극복방안을 현장사례 중심으로 상세히 설명하고 있다.

21세기 중국

박정동 編著
〈양장 / 362면 / 9,000원〉

덩샤오핑이 사망함에 따라 곳곳에서 그 기반이 흔들리는 조짐이 나타나고 있다. 그의 체제를 이어받은 장쩌민 체제는 안정과 성장을 지속시켜 나갈 수 있을까. 과연 중국은 어떻게 변할 것인가. 아시아의 안정과 발전을 저해하는 군사대국으로 비화할 가능성이 큰 중국의 현재와 미래를 철저히 진단한 중국탐구서.

팝 인터내셔널리즘

폴 크루그먼 著
김광전 譯
〈신국판 / 276면 / 7,000원〉

산업위축과 실업증가, 실질소득 향상의 둔화를 비롯해 소득격차의 확대, 산업시설의 유출 등 선진 경제가 지닌 문제점을 상세히 분석하고 그 원인이 개발도상국과의 교역에 있는 것이 아니라 선진국의 산업구조 변화와 기술발전에 있다고 밝히고 있다. 레스터 서로에 필적하는 20세기 최고의 40대 경제학자인 저자가 지적하는 개도국 성장 비결은 우리에게 시사하는 바가 크다.

2020년

해미시 맥레이 著
金光田 譯
〈양장 / 408면 / 9,000원〉

다양한 인종만큼이나 상이한 정치·경제체제와 독특한 문화양식을 지니고 있는 세계 각국은 저마다의 주무기를 앞세워 미래를 설계하고 있다. 경제평론가인 저자는 앞으로 국가경쟁력을 결정짓는 요인은 기술이 아니라 문화라고 강조한다. 현재 세계 각국이 처해 있는 상황을 바탕으로 치밀하게 전망한 2020년경의 세계 각국의 모습에서 우리의 진로는 어떻게 모색해야 할 것인가?

제 4 물결

허먼 메이너드 2세
수전 E. 머턴스 共著
韓榮煥 譯
〈양장·4×6판 / 240면 / 5,000원〉

21세기의 범세계적 기업을 위한 낙관적 비전을 제시하고 있는 이 책은 한마디로 앨빈 토플러의 《제3물결》을 넘어 장기적 미래의 비전에 집중하고 있다. 지금 우리가 공업화를 상징하는 「제2물결」에서 탈공업화적인 「제3물결」로 전이하고 있지만, 머지 않은 곳에서 새로운 차원의 「제4물결」이 밀려오고 있다고 진단하고 있다.

株式市場 흐름 읽는 법

浦上邦雄 著
朴承源 譯
〈신국판 / 200면 / 4,000원〉

언뜻 보기에 무질서하고 예측이 불가능해 보이는 주식시장도 장기적으로 보면 특정한 네 개의 국면을 반복하고 있다는 것을 알 수 있다. 이 책은 이 네 개의 국면이 어떤 요인에 의해 순환되고 각각의 국면에서 어떤 종목이 활약하는가를 숙지할 수 있는 안목을 제시해주고 주식투자시 리스크를 피하는 방법에 대해서도 설명하고 있다.

유머人生 1～5

韓國經濟新聞社 出版部 編
〈4×6판 / 244면 / 4,500원〉

많은 독자들이 1980년 12월부터 본지에 연재되고 있는 「海外유머」를 책으로 출판했으면 어떨지, 그런 계획은 없는지 물어왔다. 이 책은 독자들의 그러한 성원에 보답하자는 취지로 출판되었으며 우스갯소리 가운데서 인생의 묘미도 느끼고 영어공부도 할 수 있게끔 어려운 단어나 語句에는 주석을 달아 독자들의 이해를 돕고자 노력했다.

사장님, 원가를 아십니까

鄭明煥 著
〈신국판 / 220면 / 5,000원〉

원가의 개념을 정확히 이해하지 못하고 경영한 결과 장부상으로는 흑자임에도 결손이 나는 등 어려움을 겪는 경우가 흔히 있다. 이 책은 경영자는 물론 회계와 기획담당자를 포함한 기업 관계자들에게 원가의식과 관리회계의 개념을 심어준다는 취지에서 원가에 관련된 제반사항을 소설식으로 알기쉽게 다룬 力著.

프로 영업인이 되는 길

시라이 기요시 著
朱明甲 譯
〈신국판 / 240면 / 5,000원〉

번번히 뛰어난 실적으로 동료들의 부러움을 사는 사람이 있다. 그러나 잘 나가는 영업사원과 그렇지 못한 영업사원의 차이는 반드시 있게 마련. 이 책은 결코 평탄하지만은 않은 영업의 세계에 입문하거나 프로로 거듭나기를 바라는 영업사원들이 갖춰야 할 지식에서부터 각양각색의 고객을 다루는 방법까지 100가지 성공비결을 공개하고 있다.

성공적인 점포경영 33選

류광선 著
〈신국판 / 368면 / 8,000원〉

5,000만원 정도의 소자본으로, 심지어 무자본으로도 사업을 시작할 수 있는 아이디어를 담았다. 저자가 현장을 발로 뛰면서 바로 개업하기에 유망한 33개 업종을 선별, 입지선정부터 개업절차·경영 비법까지 최신 노하우를 총집결시켰다. 경영지침이나 사업의 성패진단법은 물론 직접 점포를 운영하는 사람들의 현장 목소리를 담아 차별화를 꾀했다.

부동산 경매를 잡아라

전 철 著

〈신국판 / 248면 / 6,500원〉

법원경매든 성업공사 공매든 경매는 이제 누구나 쉽게 배우고 참여할 수 있게 되었다. 경매물건에 대한 마음가짐을 얼마나 유연하고 객관적인 자세로 평가할 수 있느냐가 성공의 지름길이다. 이 책은 부동산 경매에 대한 전반적인 원리를 누구나 알기쉽게 배울 수 있도록 설명했다. 특히 실전사례중심으로 실패없는 부동산 경매 방법을 체계적으로 정리한 실전 가이드다.

임대주택을 잡아라

최 문 섭 著

〈신국판 / 230면 / 6,500원〉

최근 다양한 부동산개발 유형이 쏟아져 나오고 있지만 자신이 소유하고 있는 땅에 가장 어울리면서 수익을 많이 올릴 수 있는 방법을 찾는 것은 쉬운 일이 아니다. 이 책은 자신이 소유하고 있는 땅의 위치, 교통 여건, 주변 생활환경 등을 따져 본 후 높은 수익을 올리고 미래 발전 가능성이 있는 최적방안을 여러 사례별로 제시, 임대주택으로 투자에 성공하는 방법을 담고 있다.

일본 쪼개보기

황 인 영 著

〈신국판 / 336면 / 7,500원〉

일본이 거론하고 있는 독도문제나 잇따른 우익 망언에 대해 논리적이고 설득력 있게 대응해야 한다. 이 책은 일본의 본질을 이해하기 위해 한일관계의 역사적 배경을 추적하면서 그들의 독특한 문화와 사고방식, 행동양식을 105가지의 짧은 얘기로 분석하고 있다. 특히 역사적으로 형성된 일본 특유의 무사도 정신과 장인정신, 직업 세습풍토의 배경과 그 실체를 벗기고 있다.

돈 굴러들어오는 장사성공의 비결

가라쓰 하지메 著

양 병 준 外 譯

〈신국판 / 288면 / 7,000원〉

이 책은 소매점에서 개인 손님을 응대하는 요령에서부터 각 기업체의 세일즈맨들이 회사를 상대로 할 때의 영업요령에 이르기까지 장사성공의 비결을 소개한 실용서다. 저자는 이 책을 통해 불황 속에서도 살아 남는 법, 팔리는 물건 만들기, 장사거리 및 판로찾기와 더불어 앞으로 일본이 맞이하게 될 국제화, 고령화, 환경문제에 대처하는 자세 등을 제시하고 있다.

사장님을 위한 5분 경제

손 정 식 著

〈신국판 / 388면 / 8,500원〉

경영일선에 있는 경영자가 매일매일 직면하는 경제·경영현상에 대해 기본적인 원리를 설명한 이 책은 경제현상을 올바로 이해하여 기업경영의 이론적 토대를 튼튼히 하는데 보탬이 되는 경제상식들만 모았다. 가격관리와 비용관리에서부터 기업전략, 경쟁과 윤리, 기업과 금융, 국제무역과 국제금융에 이르기까지 꼭 알고 있어야 할 경제원리들을 강의하듯 풀어서 설명했다.

대기업을 이기는 벤처비즈니스

마키노 노보루·강동우 著

유 세 준 譯

〈신국판 / 212면 / 5,500원〉

첨단 기술력과 재빠른 정보수집력을 갖춘 모험심 강한 중소기업이 대기업보다 훨씬 더 유연하게 시장상황에 대처하고 있으며 성공해 가고 있다. 마이크로소프트, 인텔 등이 그 예다. 이 책은 재편되고 있는 경제구조 속에서 앞서 나가고 있는 일본 벤처기업들의 사례와 실리콘밸리의 성공전략을 살펴보고 틈새시장을 공략하는 요령과 아이디어, 국제적 제휴전략 등을 다루고 있다.

시간이동

스테판 레트샤픈 著

형 선 호 譯

〈신국판 / 380면 / 9,000원〉

사람들에게 있어서 시간은 객관적인 것이 아니라 주관적인 것이다. 이 책에서 저자는 시간에 대한 사고방식을 바꿈으로써 자신의 인생에 대한 통제를 되찾을 수 있다고 강조한다. 그 과정을 통해 우리는 인생을 최대한 즐길 수 있으며 많은 시간을 우리 자신과 가족과 함께 더 한층 고양된 삶의 의미를 느낄 수 있다. 이 책은 명상서로서 자신의 삶을 컨트롤하는 방법을 제시한다.

소명으로서의 기업

마이클 노박 著

김 진 현 監譯

〈신국판 / 280면 / 7,000원〉

실업과 빈곤의 해결책은 무엇일까. 마이클 노박은 종교적 윤리 기반위에 선 민간기업만이 그 해결책이 될 것이라고 명쾌하게 주장한다. 민주자본주의 하에서 신학적·윤리적 기초를 갖는 기업이야말로 이윤창출기관인 동시에 민주주의와 인권을 증진시키는 기관이며 사회공동체를 만드는 기관이다. 기업의 위치, 정신의 설정과 사회관계 정립에 등불이 될 내용들이 가득하다.

새로운 돈의 혁명, 전자화폐

제일금융연구원 著
〈신국판 / 220면 / 6,000원〉

컴퓨터와 정보통신기술이 비약적으로 발전하면서 차세대 돈으로 불리는 전자화폐가 우리 일상생활의 전면에 등장했다. 화폐는 금융시스템이라는 혈관을 타고 국민경제를 끊임없이 순환하므로 돈과 금융은 불가분의 관계를 가지고 있다. 이 책은 전자화폐가 무엇인지, 전자화폐에는 어떤 종류가 있는지, 전자화폐의 출현으로 우리 경제생활은 실제로 어떻게 달라지는지를 살펴보고 있다.

올림포스 경영학

찰스 핸디 著
현 지 혜 譯
〈신국판 / 358면 / 8,000원〉

오늘날 조직 내부에서 나타나고 있는 다양한 경영양식과 문화를 고대 그리스 신화의 네 신인 제우스, 아폴로, 아테네, 디오니소스식으로 각각 분류하여 상징화하고 있다. 영국의 뛰어난 경영학 교수이자 세계적으로 유명한 경영학자의 한 명인 저자는 수많은 사례를 통해 네 신들의 조화, 문화적 적합성 이론과 경영의 다양성 법칙을 강조하고 있다.

마음을 치유하는 79가지 지혜

레이첼 나오미 리멘 著
채 선 영 譯
〈신국판 / 390면 / 7,500원〉

정신분석학자로서 영혼의 연금술사로 평가받는 저자는 보다 큰 평화를 가져다주는 것은 우리가 서 있는 바로 이곳, 또 이곳에서 만나는 사람들을 있는 그대로 받아들일 수 있게 해줄 치료제, 즉 영혼을 위한 약이 필요하다는데 초점을 맞추고 있다. 저자의 따뜻한 식탁의자에 영혼이 충만한 의사와 환자, 그리고 동료들이 둘러앉아 나누는 그들의 삶은 무한한 가능성의 목소리로 들린다.

복잡계란 무엇인가

요시나가 요시마사 著
주 명 갑 譯
〈양장 · 4×6판 / 284면 / 7,000원〉

세계는 복잡계(Complex System)열풍에 휩싸여 있다. 『무수한 구성요소로 이루어진 한덩어리의 집단으로 각 부분의 움직임이 총화이상으로 무엇인가 독자적인 행동을 보이는 것』으로 정의되는 복잡계, 복잡계 과학은 「잃어버린 세계로의 여행」이 될 것이다. 복잡계의 과학은 그 꿈을 현실화시킬지도 모른다. 21세기를 주도하게 될 최첨단 키워드, 복잡계의 모든 것을 담았다.

밀레니엄 -지난 1000년의 인류역사와 문명의 흥망-

펠리프 페르난데스-아메스토 著
허 종 열 譯
〈전 2권 / 양장 / 560면 내외 / 각권 12,000원〉

지난 1000년을 마감하고 다음 1000년을 준비하기 위해 한 시대를 평가하기 보다는 새로운 시대를 창조하려는 의도로 문명의 운명에 대해 쓴 이 책은 유럽 중심적인 위장된 세계사가 아닌 진정한 세계사 정립을 위해 역사 이면을 자리매김하려고 노력했다. 인류역사의 주도권, 즉 민족의 힘은 태평양 주변국가에서 대서양으로 다시 태평양으로 옮아가고 있다고 주장하고 있다.

중국의 여의주 홍콩 -홍콩의 역사와 미래-

임 계 순 著
〈신국판 / 468면 / 8,500원〉

세계의 무역 · 금융 중심지, 현대적인 국제항구인 홍콩이 97년 7월 1일 영국통치에서 중국으로 반환됐다. 이 책은 홍콩의 식민지화 과정에서부터 영국 식민통치와 그 통치하에서의 경제적 성장, 그리고 중국에 미친 제반영향 등을 살펴보았다. 세계 최대 정치적 사건으로 이목을 집중시키고 있는 홍콩의 역동적인 모습을 중국사학 전공자가 심도있게 진단했다.

21세기를 여는 7가지 키워드

오마에 겐이치 著
임 승 혁 譯
〈양장 · 4×6판 / 254면 / 6,500원〉

다가오는 21세기에는 서구 선진국의 뒤만을 쫓을 수는 없다. 그들을 앞서나가기 위해서는 지금까지와는 다른 창의적인 발상, 새로운 전략, 확실한 준비가 필요하다. 21세기를 능동적으로 맞이하려는 사람들에게 띄우는 오마에 겐이치의 독특한 키워드. 1. 시간축 발상 2. 신커뮤니케이션론 3. 자유재량시간 4. 글로벌경쟁시대 5. 정보발신시스템 6. 이미지전략 7. 네트워크의 힘

김삼오 박사의 알짜배기 유학 가이드

김 삼 오 著
〈신국판 / 264면 / 7,000원〉

이 책은 단순하고 개략적인 유학안내서가 아니다. 유학을 궁리하거나 이미 가기로 결정한 학생, 그들의 부모가 함께 읽는다면 참신한 아이디어를 얻을 수 있다. 유학행정을 맡은 공무원, 대학 실무자, 교수들이 읽는다면 실질적인 도움을 얻을 수 있다. 왜 유학을 가야 하는가, 무엇을 배우려 하는가, 공부는 어떻게 해야 하는가, 외국과 국내 교육의 차이에 대해 알기 쉽게 설명하고 있다.

알기 쉬운 M&A와 주식투자

제 해 진 著

〈양장 / 336면 / 10,000원〉

M&A관련 주식투자는 위험이 높은 반면에 정확한 투자를 할 경우에는 수익도 막대해진다. 따라서 과학적 분석이 필수적이다. M&A에 조금이라도 관심있는 사람을 대상으로 기본적인 M&A이론과 유의사항을 설명하면서 국내외 사례를 통해 M&A전략과 주식시장에서의 M&A관련 주식투자 방안을 알기 쉽게 소개하고 있다.

제조물책임(PL)법과 기업의 대응방안

하종선 · 최병록 著

〈신국판 / 284면 / 7,500원〉

제조물의 결함으로 인해 소비자가 생명, 신체, 또는 재산상의 손해를 입었을 때 제조물 생산자 및 유통업자가 배상을 하는 최상의 소비자 보호제도인 제조물책임(PL)법이 곧 입법될 예정이다. 이 책은 제조물책임법의 성립과 배경을 알아보고 선진국의 주요 소송사례와 입법동향을 설명했다. 특히 우리나라 법의 제정방향과 기능 그리고 기업의 대응방안에 대해서 상세히 알려주고 있다.

X파일 비망록1

N. E. 가인즈 著
한 경 훈 譯

〈크라운판 / 380면 / 7,500원〉

X파일 TV드라마는 오락성과 더불어 정보를 제공하는 극으로서의 역할을 충분히 하고 있듯이 이 책은 그러한 정보에 깊이를 더해주는 역할을 한다. TV극에서 못다한 X파일에 등장하는 배우들의 신상을 상세히 소개하고 멀더와 스컬리 두 요원이 펼쳤던 이론을 해부하며 퀴즈게임으로 X파일에 대한 소양을 체크한다. X파일 매니아를 위한 신세대 책이다.

드래곤 스트라이크

험프리 헉슬리 · 사이먼 홀버튼 著
박 병 우 譯

〈신국판 / 540면 / 8,500원〉

2001년 2월, 중국은 〈드래곤 스트라이크〉라는 암호명 아래 베트남 공습을 시작으로 세계 패권전쟁에 돌입한다. 치밀한 자료수집과 정밀한 분석을 기초로 집필한 이 책은 재미와 미래예측서로서의 장점을 겸비한 소설아닌 소설이다. 각국의 군비태세, 외교전, 세계 외환석유시장에서의 책략이 손에 잡힐 듯 생생하게 그려졌다. 정교하고 사실에 기초를 둔 예측을 했다는 평가를 받고 있다.

안자(상 · 중 · 하)

미야기타니 마사미쓰 著
신봉승 · 김하중 譯

〈양장 · 4X6판 / 384면 내외 / 각권 6,500원〉

열국의 제후들이 대륙의 패권을 놓고 싸우는 춘추 시대를 배경으로 격동의 역사를 헤쳐나가는 명재상 안자의 일대기를 그리고 있다. 난세 속에서도 안자는 충(忠)과 의(義)를 지키며 정도(正道)만을 걷는다. 국가 경영의 참다운 모습, 인간관계의 원형을 보여주는 그의 독특한 철학을 통해 당시의 시대정신과 사회상을 조명한다.

창궁의 묘성(上 · 中 · 下)

아사다 지로 장편소설
이 주 영 譯

〈신국판 / 380면 내외 / 각권 6,500원〉

하늘보다 더 깊고 푸른 창궁(蒼穹), 그 한가운데 빛나는 숙명의 별 묘성(昴星)에 소망을 얹고 그 운명을 개척하는 청조말 풍운의 인물들의 권력과 야망을 그린 대하장편소설. 묘성을 수호성으로 태어난 가난한 말똥주이 소년 춘아는 천하의 보배를 손에 넣는다는 점쟁이의 거짓예언을 믿고 스스로 환관이 되어 천하의 여걸 서태후 자희의 측근이 되어 권력의 정점에 오른다.

인터넷 너쯤이야

김 장 호 著

〈국배판 변형 / 388면 / 15,000원(CD-ROM, 별책부록 포함)〉

인터넷에 접속하는 방법을 쉽고 간결하게 정리한 이 책은 어렵게 접속하고도 그 방대한 정보 때문에 엄두를 내지 못하고 제대로 사용하지 못하는 초보자들을 위해 쓰여졌다. 접속 후 하루에 한가지씩 1주일만에 접속에서부터 정보사냥, 인터넷으로 국제전화 거는 법, 자료 가져오는 법, 인터넷 채팅으로 이상형 만나는 법 등 인터넷을 배우는 방법을 소개했다.

PC통신과 인터넷에서 정보검색 · 정보관리

김 성 수 著

〈4X6배판 / 392면 / 12,000원(CD-ROM 포함)〉

그동안 안내서만 범람하던 컴퓨터 통신 출판시장에 PC통신과 인터넷에서 정확하고 빠르게 정보를 찾고 관리하는 방법을 자세히 소개하고 있다. 이 책은 이론적인 지식보다는 활용하는 방법을 중심으로 실생활에서 제대로 사용하는 요령을 다루고 있다. 부록 CD-ROM에는 마이크로소프트 인터넷 익스플로러 등 PC통신과 인터넷에서 정보를 찾기 위한 도구들이 실려 있다.